入門
ミクロ経済学

石橋　春男・関谷喜三郎　共著

税務経理協会

はしがき

　本書は，現代ミクロ経済理論のエッセンスをわかりやすく解説したものです。ミクロ経済学は，家計や企業などの個々の経済主体の行動から出発して，価格による需要・供給の調整の説明を中心にしながら市場メカニズムの働きを解明し，それを通じて資源配分の効率性がどのように達成されるかを明らかにしようとするものです。

　ミクロ理論の知識は，財政学，金融論，国際経済学など，経済学に関するあらゆる分野の理解に不可欠なものです。それゆえ，経済学関係の分野を学ぼうとする人にとってはその基本的内容を正確に把握しておくことが重要です。しかしながら，幅広い読者の要求を満たしてくれるような，やさしく，明快で，説得力のあるテキストを見い出すことは容易ではありません。本書では，こうした要求に応えるためにミクロ理論の知識を体系的にかつ平易に解説しています。さらに，たとえば，ミクロ経済学にとって最も基本的な分析道具である需要・供給曲線についても，「需要曲線はなぜ右下がりに引けるのか」，「供給曲線はなぜ右上がりに引けるのか」といった基礎的な内容をわかりやすく解説するとともに，それらを用いて市場メカニズムの内容とその問題点を具体的に説明しています。

　本書は，理論的な内容をできるだけやさしく，ていねいにをモットーに書き上げましたので，経済学をはじめて学ぶ学部の1年生，2年生にも容易に理解していただけるものと思います。しかも，単にやさしいだけでなく，本書全体を通して，ミクロ経済学の内容が体系的に展開されていますので，現代ミクロ理論のエッセンスを把握するのにも役立つものと思います。

　日常生活を見てもわかりますように，現実における経済問題の多くは価格の動きに関係しています。したがって，価格分析を中心とするミクロ経済学は，

実際の経済を理解するうえでおおいに役に立ちます。

　しかしながら，これまでミクロ理論に関する書物の多くは，初級から中級レベルのものを含めて理論的な説明に終始するものが多いために，ミクロ理論によって現実経済の問題がどのように説明できるかという側面の解説が十分でなかったように思われます。そのために，学生によってはミクロ経済学が何の役に立つのかわからないといった不満を抱くことにもなりました。

　本書の最も大きな特徴は，ミクロ経済学で使われる分析用具によって日常の経済活動の何が，どのように説明できるかを示している点です。経済学専攻の学生だけでなく，商学部，経営学部において金融論，経営学，マーケティングさらには会計学などを学ぶ学生にとってもミクロ経済学の知識は不可欠ですが，そうした人たちにとって必要なのは，現実世界の理解に役立つ理論です。そうした観点から，本書では理論と現実の接点をもたせるということに配慮して理論が展開されています。それゆえ，本書を通じて，現実世界の動きを理解するうえで，ミクロ経済理論に精通することがいかに有益であるかを知ることができると思います。さらに，これまでミクロ経済学を苦手としていたり，現実経済を理解するためにどのように応用すればよいのかわからなかったといった人にも役に立つと思います。

　本書は，現代ミクロ経済学の基本的内容がすべて網羅されており，この一冊でミクロ経済学を体系的に学ぶことができます。また，本文中の各図にはそれを見ただけで内容が理解できるように簡潔な解説が付けてあります。それゆえ，公務員，公認会計士，中小企業診断士，証券アナリスト，不動産鑑定士といった試験を目指す人たちにとっては，必要なことが短時間で効率的にマスターできるように工夫されていますので利用価値は高いと思われます。

　最後に，本書の編集・出版に関する困難な仕事を引き受けてくださった税務経理協会加藤勝彦営業部長と編集部木内鉄也氏に心からお礼申し上げます。

2001年初春　　　　　　　　　　　　　　　　　　　　石橋　　春男
　　　　　　　　　　　　　　　　　　　　　　　　　　関谷　喜三郎

目　　　次

はしがき

第1部　需要・供給分析

1　需 要 と 供 給 ……… 3
家 計 と 企 業 ……… 3
需要曲線と供給曲線 ……… 5
価格決定のメカニズム ……… 7

2　価格メカニズムの役割 ……… 9
与件の変化と需給調整 ……… 9
市場機構と資源配分 ……… 12

3　需要・供給の価格弾力性 ……… 15
需要の価格弾力性 ……… 15
需要の価格弾力性の大きさを決めるもの ……… 18
供給の価格弾力性 ……… 20

第2部　消費者行動理論

4　無 差 別 曲 線 ……… 25
合 理 的 行 動 ……… 25

  無差別曲線 ································ *27*
  無差別曲線の性質 ························ *29*

5 最適消費行動 ································ *33*
  予算制約 ···································· *33*
  最適消費行動 ······························ *35*
  加重限界効用均等の法則 ··············· *36*

6 所得変化と消費需要 ························· *38*
  所得変化と消費需要 ······················ *38*
  上級財と下級財 ··························· *40*
  エンゲル曲線 ······························ *41*
  需要の所得弾力性 ························ *42*

7 価格変化と消費需要 ························· *44*
  価格変化と消費需要 ······················ *44*
  価格変化と需要曲線 ······················ *45*
  代替効果と所得効果 ······················ *45*
  補償需要曲線 ······························ *50*

8 代替財と補完財 ································ *52*
  X財の価格変化とY財の需要量変化 ··· *52*
  粗代替財と粗補完財 ······················ *53*
  純代替財と純補完財 ······················ *54*

9 消費理論の応用1──労働供給の理論── ········· *56*
  労働と余暇の選択 ························ *56*
  所得と余暇の無差別曲線 ················ *57*

所得制約線 ································· *59*
　労働供給量の決定 ·························· *60*
　代替効果と所得効果 ························ *62*

10　消費理論の応用2 ──貯蓄の決定── ············ *64*
　消費の異時点間配分 ························ *64*
　異時点間消費の無差別曲線 ·················· *64*
　予算制約条件 ······························ *66*
　最適貯蓄の決定 ···························· *67*
　利子率変化の効果 ·························· *68*

第3部　生産者行動理論

11　生　産　関　数 ························· *73*
　企業と生産活動 ···························· *73*
　生　産　関　数 ···························· *75*

12　限界生産物と平均生産物 ················· *78*
　限　界　生　産　物 ························ *78*
　平　均　生　産　物 ························ *79*
　平均生産物曲線と限界生産物曲線 ············ *80*

13　短期費用曲線 ··························· *84*
　総　費　用　曲　線 ························ *84*
　平　均　費　用　曲　線 ···················· *86*
　限　界　費　用　曲　線 ···················· *90*

14 最適生産量の決定 93
総　収　入 93
平均収入と限界収入 94
最適生産量の決定 95
利潤最大化の条件 97

15 短期供給曲線 99
短期供給曲線 99
損益分岐点 99
操業停止点 100
短期の市場供給曲線 101

16 長期費用曲線 103
長期費用曲線 103
長期平均費用曲線 105
長期限界費用曲線 106
規模の経済 107

17 長期供給曲線 110
長期利潤の最大化 110
企業の長期供給曲線 111
産業の長期供給曲線 114

第4部　市場の均衡

18 均衡価格の決定 119
完全競争市場 119
均　衡　分　析 119
均衡価格の決定 120

19 調整過程と均衡の安定性 ……………………… *122*
調 整 過 程 ……………………………………… *122*
均衡の安定条件 ………………………………… *125*
くもの巣理論 …………………………………… *128*

20 完全競争市場の効率性 …………………………… *131*
価 格 の 役 割 …………………………………… *131*
消費者余剰と生産者余剰 ……………………… *131*
市場の効率性 …………………………………… *134*

第5部　不完全競争市場

21 市場構造と不完全競争市場 ……………………… *139*
市 場 構 造 ……………………………………… *139*
市場構造の変質 ………………………………… *140*
製 品 差 別 化 …………………………………… *143*

22 独 占 市 場 …………………………………………… *144*
独占企業の行動 ………………………………… *144*
独占企業の需要曲線 …………………………… *144*
総収入と限界収入 ……………………………… *145*
独占価格の決定 ………………………………… *147*

23 独占企業と価格差別 ……………………………… *151*
利潤最大化行動 ………………………………… *151*
価 格 差 別 化 …………………………………… *152*
価格差別化の条件 ……………………………… *155*

24 独占的競争 ……………………………………………… 158
独占的競争市場 ………………………………………… 158
理論の形成 ……………………………………………… 159
独占的競争の理論 ……………………………………… 159

25 寡占市場 …………………………………………………… 162
寡占市場の特徴 ………………………………………… 162
カルテルとプライス・リーダーシップ ……………… 163
屈折需要曲線 …………………………………………… 165
寡占企業の価格理論 …………………………………… 168
参入阻止価格 …………………………………………… 169
売上高最大化仮説 ……………………………………… 170

第6部　生産要素市場

26 生産要素市場 …………………………………………… 175
生産要素市場 …………………………………………… 175

27 最適投入量の決定 ……………………………………… 179
等生産量曲線 …………………………………………… 179
等費用線 ………………………………………………… 182
最適投入量の決定 ……………………………………… 182
生産拡張経路 …………………………………………… 184
長期費用曲線の導出 …………………………………… 185
短期費用曲線の導出 …………………………………… 187

第7部　資源配分の効率性と市場の失敗

28　最適資源配分 ………………………………………………… *191*
最適資源配分 ……………………………………………………… *191*
消費のパレート最適 ……………………………………………… *192*
生産のパレート最適 ……………………………………………… *195*
消費・生産間のパレート最適 …………………………………… *198*

29　市場の失敗 …………………………………………………… *200*
公　共　財 ………………………………………………………… *200*
自然独占と価格規制 ……………………………………………… *202*
外　部　効　果 …………………………………………………… *203*
コースの定理 ……………………………………………………… *206*

30　不完全情報と市場取引 ……………………………………… *208*
情報の不完全性 …………………………………………………… *208*
不完全情報と消費者余剰 ………………………………………… *208*
不完全情報と生産活動 …………………………………………… *211*
レモンの市場 ……………………………………………………… *213*
広　告　の　役　割 ……………………………………………… *215*

索　　引 ……………………………………………………………… *217*

第1部　需要・供給分析

1 需要と供給

家計と企業

経済学が分析の対象とする世界は，私たちが現実に生活する経済社会そのものですが，現実世界は複雑なためにその仕組みを理解するのは容易ではありません。現実世界に生起する経済現象を分析し，そのメカニズムを解明するにはどうしたらよいのでしょうか。

経済学には経済現象を解明するためのアプローチが2つあります。ミクロ分析とマクロ分析がそれです。このうち，本書では**ミクロ分析**を展開していきます。ミクロ分析では，家計や企業といった市場経済を構成する個々の経済主体の行動に分析の焦点を当て，これらの経済主体が市場において価格の動きに応じてどのような行動をとるのか，その場合市場メカニズムがどのように機能し，需給の調整ならびに資源配分の合理性がどのように達成されるのかといった問題を分析していきます。

なお，**マクロ分析**の場合には，一国経済の総生産額およびその成長率，景気変動，インフレ，失業，国際貿易，国際収支などに関する問題を経済活動全体の総括的な観点から分析します。

家計と企業　私たちの経済活動はその大部分が市場を通じて行われていますが，市場を構成する経済主体は家計と企業に分けることができます。ここで，**家計**とは消費活動を行う経済主体のことです。家計は所有する労働，土地，資本といった生産要素を企業に提供し，その見返りとして賃金，地代，利子といった所得を受け取ります。そして，この所得をもとにして企業の生産する消費財を購入します。この場合，消費者は消費から得られる満足が最も大きくなる

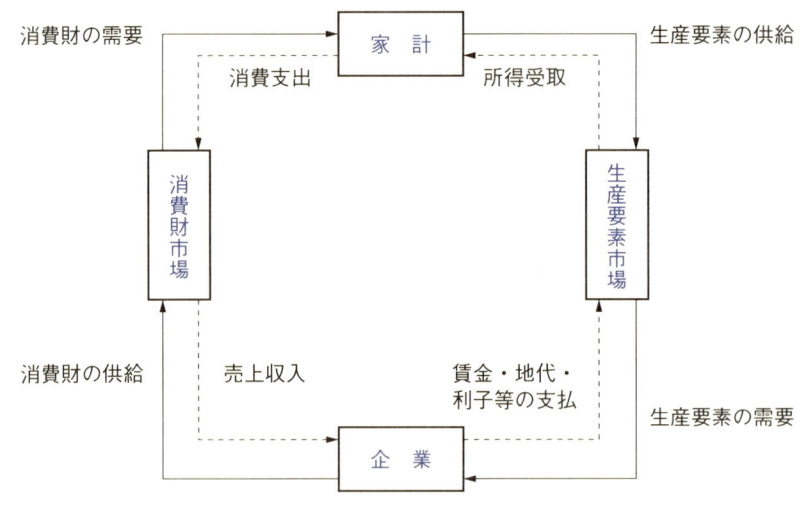

図1-1　経済循環図

ように行動すると仮定されます。

　一方，**企業**は生産活動を営む経済主体です。企業は家計から生産要素を購入し，また他の企業から原材料を購入しますが，それらを結合して消費財および生産財を生産し販売します。その際，企業は売上代金である収入と生産に要する費用との差である利潤を最大にするように行動すると仮定されます。

経済循環図　ミクロ分析では，この家計と企業の行動を中心にして市場経済を分析していきますが，家計と企業の結び付きは単純な**経済循環図**を使って示すことができます。

　家計間の取引と企業間の取引を無視して家計と企業の取引だけを考えますと，市場経済の仕組みは図1-1のような簡単な循環図式で表すことができます。この図において，**消費財市場**では企業が消費財を供給し，家計がこれを需要します。そこでは市場における需給により価格が決定され，取引が行われます。これに対応して家計の支出が企業に収入として入っていきます。

　生産要素市場では，家計による生産要素の供給と企業によるそれの需要によ

図1-2 需要曲線

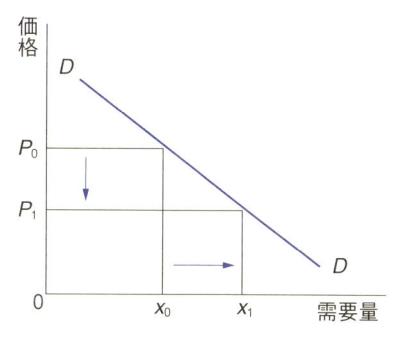

① 価格がP_0のときには需要量はx_0となります。価格がP_1に下落すると、需要量はx_1に増加します。
② ここには、価格が下落すれば需要量が増加するという需要の法則が成り立ちます。
③ したがって、需要曲線は右下がりとなります。

り各種の生産要素価格、すなわち賃金、地代、利子などが決定されます。そして、家計の生産要素が企業に提供されるとともに、その見返りとして賃金、地代、利子などが企業から家計に支払われます。これが家計の所得となります。

現実の市場経済においては、家計による消費と企業による生産がくり返し行われており、各種の財・サービスごとに多数の市場が成立し、それぞれの市場で価格形成が行われ、同時に取引される数量が決定されていきます。

市場における価格と取引量の決定は、需要曲線と供給曲線を用いて示すことができます。

需要曲線と供給曲線

需要曲線 人々が財を購入するとき、いったい何を基準にして行動するのでしょうか。その財の価格、その人の所得、好み、他の財の価格、天候など様々な要因が考えられます。これらの要因のもとで、人々が購入しようとする数量のことを需要量といいます。

いま、需要量に影響を及ぼす要因を価格のみとし、他の条件はすべて一定と仮定しましょう。このとき需要量は価格の関数であるといわれます。ある財の価格が騰貴したとき、その財に対する人々の需要量は減少し、逆に、価格が落下した場合にはその財に対する人々の需要量は増加すると考えられます。こう

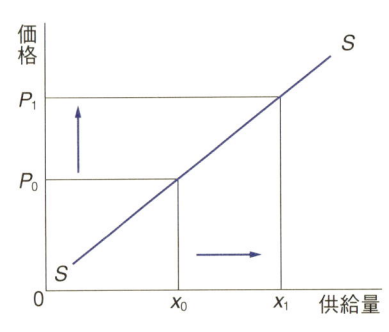

図1-3 供給曲線

① 価格がP_0のとき,供給量はx_0となります。価格がP_1に上昇すると供給量はx_1へと増加します。
② 価格が上昇すると供給量が増加しますので,供給曲線は右上がりとなります。

した経験法則のことを**需要の法則**と呼んでいます。

　ここでは,需要量は当該財の価格のみに依存するという需要関数を想定して話を進めていきます。需要関数をグラフで示してみましょう。縦軸に価格,横軸に需要量をとると,需要曲線は右下がりの曲線として描かれます。図1-2の需要曲線から,価格が低くなると需要量が増加し,価格が高くなれば需要量が減少するという需要の法則が読みとれます。なお,経済学では理論を単純化するために,曲線を直線として表すこともあります。

供給曲線　　これまで,財を需要する消費者の側に目を向けてきました。次に企業の側,つまり生産者の行動を考えてみましょう。

　生産者はある財を販売する際,その財が市場で取引されている価格や他の財の価格,生産要素の価格,生産技術,企業目標など様々な要因を考慮に入れて販売量を決定します。これらの要因のもとで,生産者が販売しようとする量を**供給量**といいます。

　当面は需要の理論と同様,供給量に影響を及ぼす要因を価格のみとします。すなわち,供給量は価格の関数であるということです。このとき生産者は,市場で取引されている財の価格が騰貴すれば供給量を増やそうとし,反対に,価格が下落すれば供給量を減らそうとするでしょう。需要の法則とは逆の経験法

図1-4 需要と供給の均衡による価格決定

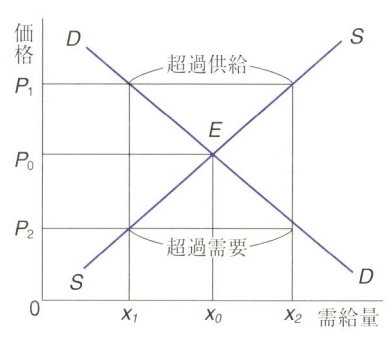

① 価格がP_1のときには，需要量はx_1，供給量はx_2ですから，x_2-x_1だけ超過供給が発生します。
② 価格がP_2のときには，P_1の場合とは逆に，x_2-x_1だけ超過需要が発生します。
③ 価格P_0のところで需要と供給は均衡します。すなわちE点で市場均衡が成立し，価格はP_0，取引量はx_0に決定されます。

則が成り立つのです。この関数をグラフを使って示してみましょう。縦軸に価格，横軸に供給量をとったグラフでは，供給曲線は右上がりの曲線として示されます。図1-3から価格が高くなれば供給量は増加し，価格が低くなれば供給量は減少するという関係が読みとれます。

価格決定のメカニズム

これまで，需要と供給という市場の2つの側面の行動をみてきました。ここでは両者を統合することにより，市場で価格と取引量がどのように決定されるかを明らかにしてみましょう。

価格メカニズム　需要曲線と供給曲線を1つのグラフに組み合わせてみましょう（図1-4）。

いま，価格がP_1の水準にあったとします。このとき，需要量はx_1，供給量はx_2です。グラフからx_2-x_1だけ供給量が需要量を上回っていることが読みとれます。このとき，市場ではx_2-x_1だけの**超過供給**が発生しているといいます。消費者はもっと低い価格でないとより多くの財を購入しようとしませんし，生産者側にとってもこのままでは売れ残りが生じて損失が発生しています。このようなケースは**買手市場**といわれ，消費者に有利な方向へと市場価格

が下落します。この価格の下落は，市場で超過供給が発生しているかぎりつづきます。

　では，価格がP_2の水準まで下落するとどのようなことが起こるでしょうか。今度は需要量がx_2で供給量がx_1となり，x_2-x_1だけの**超過需要**が発生します。価格P_2のもとでは，消費者は欲しいだけの財を手に入れることができませんし，生産者は価格を釣り上げて財を販売しようとします。このケースは**売手市場**といわれ，生産者に有利な方向へと価格が上昇します。この価格の上昇は市場で超過需要が発生しているかぎりつづきます。

市場均衡　　以上のように，需要量と供給量が一致しなかった場合，価格の変化によって需要量と供給量が調整される過程を市場の**価格メカニズム**といいます。そこで，価格メカニズムを通して価格がP_0の水準になったとしましょう。今度は需要曲線と供給曲線がE点で交わっており，消費者が需要しようとする量と，生産者が供給しようとする量がともにx_0で等しくなっています。もはや市場では価格を上昇させたり下落させたりするようなメカニズムは作用せず，x_0で取引が成り立ちます。この状態を**市場均衡**といい，価格P_0を**均衡価格**，取引量x_0のことを**均衡取引量**といいます。

2 価格メカニズムの役割

与件の変化と需給調整

これまでみてきましたように，消費者も生産者も価格の動きを目安にして行動していきますと，価格メカニズムの働きにより需要と供給は調整されていくと考えられます。

ところで，これまで一定と仮定してきました消費者側の所得や嗜好，生産者側の技術や資源といった市場経済を支える基礎的条件が変化した場合，需要や供給はどうなるのでしょうか。その場合にも，価格メカニズムを通じてその変化が市場参加者に伝えられることになります。

需要曲線のシフト　たとえば，たとえ価格に変化がなくても消費者の嗜好に変化が生じ，これまで好まれていたものが飽きられ，それに代わって別の商品が求められるようになりますと，嗜好の強まった財の需要は増加します。一方，生産者の側はこうした消費者の嗜好の変化を直接に知ることはできませんが，市場において価格の変化を通じて需要に変化があったことを知ることができます。

このことは，需要・供給曲線の図によって表すことができます。嗜好の強まりは，その財の需要曲線が右方にシフトすることを意味します。図2-1に示されるように，この場合には価格が上昇しますので，それに応じて生産者は供給量を増加させることになります。

このように，たとえ消費者がいま何を求めているかを直接に知ることができなくても，市場における価格の動きを通じて需要の変化を知ることができます。その結果，そうした財により多くの資源が振り向けられ，供給が拡大され

図2-1 需要曲線のシフト

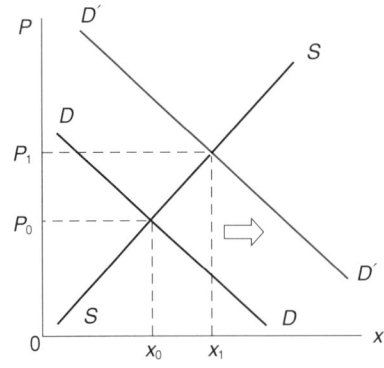

① 所得が増加したり，嗜好が変わったりしますと，価格に変化がなくても需要の増加が生じます。
② それは，需要曲線が右方へシフトすることを意味します。
③ その結果，価格の上昇を通じて供給量も増加することになります。

ることになります。

　逆に，需要曲線が左方にシフトし，価格が低下すれば，その財は人々に必要とされなくなったということがわかり，それに応じて生産が減少することになります。

　価格以外で，実際に消費を増加させる要因として最も重要なものは所得です。所得が増加すればそれまで以上に消費を増大することができますので，需要曲線は右方へシフトすることになります。これは，たとえば政府の減税政策によって可処分所得が増えたといった場合にも当てはまります。

　所得以外の要因としては次のようなものを考えることができます。たとえばピアノやビデオデッキといったいわゆる贅沢品を友人や隣人が所有していると，持っていない自分が惨めに感じて，その財の価格や消費者自身の所得と関係なくこうした財を購入してしまうことがよくあります。このような現象のことを経済学では**デモンストレーション効果**といい，通称，「見栄の消費」ともいいます。これは，アメリカの経済学者デューゼンベリーによって発見されました。

　さらに，テレビのコマーシャルなどで自動車のモデルチェンジが宣伝されたとしましょう。人々はその新型車の目新しさに惹かれ，つい購入したくなることがあります。このような現象はアメリカの経済学者ガルブレイスによって**依**

図2-2　供給曲線のシフト

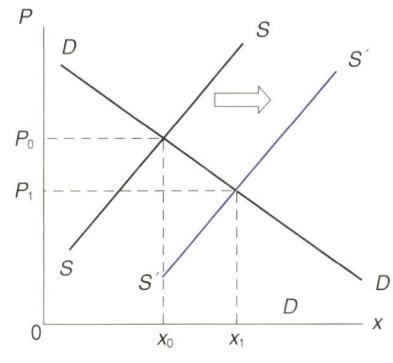

① 新しい技術が採用されて今までよりも安いコストで生産できるようになると，価格が変わらなくても生産は拡大することになります。
② それは供給曲線が右方へシフトすることを意味します。
③ その結果，価格の低下を通じて需要量も増加することになります。

存効果と呼ばれました。こうした要因は，需要曲線を右方にシフトさせるように作用します。

また，虚栄心の強い人にとって，ダイヤモンドなどは価格が高いものほど購入したいという欲求が高まります。したがって，価格が高いほど需要量は増加することになります。これは需要の法則が当てはまらないケースですが，アメリカの経済学者ヴェブレンによって発見されましたので，その名にちなんでヴェブレン効果と呼ばれています。この場合には，需要曲線は右上がりとなります。

供給曲線のシフト　　生産者の側の変化も市場価格を通じて消費者に伝えられます。たとえば，新しい技術が発明されて，今までよりも安いコストで製品を生産できるようになると，生産者は価格が変わらなくても生産を拡大しようとします。このことは，図2-2に示されるように供給曲線自体が右方へシフトすることを意味します。

これを消費者の側からみますと，消費者は生産技術にどんな変化が生じたのかはわかりません。しかし，技術革新によるコストの低下が供給曲線を右方にシフトさせることにより，市場価格の低下を通じてその変化を知ることができます。すなわち，図2-2に示されるように，P_0からP_1への価格の低下に応じて

需要量を x_0 から x_1 へと増加させることになります。

市場機構と資源配分

価格の役割　市場経済においては，需要曲線・供給曲線が市場の変化を伝えてくれるために，消費者も生産者も市場で成立する価格を目安にして行動していけば合理的に行動することができます。

　この市場価格は，個々の経済主体が適応すべきシグナルであると同時に，市場における各経済主体の活動の結果として決まるものです。そして，市場経済は，この巧妙な市場メカニズムによって，

(1)　何を生産するのか
(2)　どれだけ生産するのか
(3)　どんな方法で生産するのか
(4)　誰のために生産するのか

という経済社会が抱える4つの課題を解決しようとしているのです。

需要・供給分析　これまで，市場における価格の役割についてみてきましたが，このことを需要・供給曲線を用いて具体的な問題を例にとって考えてみましょう。

　商品の需給は市場の価格変化に応じて調整されます。ある商品の需要が増加すると，その商品の価格は上昇します。それに応じて供給量も増加することになります。このことは，これまでよりも多くの資源がその商品の生産に配分されることを意味します。逆に，需要が減少すれば，価格が下がりますので供給量も減ることになります。これは，その商品を生産するために必要な資源の配分がこれまでよりも少なくなることを意味します。

　このように，市場においては，需要と供給の変動による価格の変化を通じて各種の財・サービスの生産に必要な資源が社会的に配分されることになります。

　たとえば，近年，技術革新の著しいコンピュータ関連の産業を例にとって考

図2-3 パソコンの価格低下と需要増大

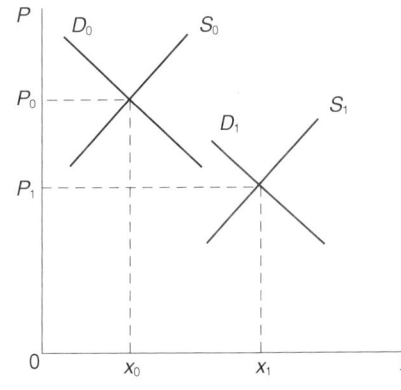

① 技術革新により，供給曲線が下方へシフトしていきますと，価格は低下することになります。
② 技術の進歩により操作が簡単になると，多くの消費者がパソコンを使用したいと思うようになりますので，需要曲線も右方へシフトすることになります。
③ その結果，価格が下がるとともに，消費量も拡大していくことになります。

えてみましょう。いま，パソコンの市場価格が図2-3のように需要曲線D_0と供給曲線S_0の交点でP_0に決まっているとしましょう。ここで，技術革新が生じると生産性が向上し，これまでよりも安い費用で大量に生産できるようになります。それは供給曲線をS_1へと下方へシフトさせ，価格を低下させることになります。また，価格の低下に加えて，技術革新による操作の簡単化とインターネットの普及にともなって消費者自身がパソコンに高い効用を感じるようになると考えられます。そのために，需要曲線もD_1へと右方へシフトしていきます。

ここでは，技術革新（供給曲線シフト）→価格低下→消費者の効用増大（需要曲線シフト）→生産拡大というかたちで供給量が増大していくことになります。これにより，企業は生産性の低い分野からより生産性の高い商品に労働・資金・設備などを振り向けていくことになります。

最近，多くの企業がIT革命の進展にともなって，情報・通信関連の分野に進出していますが，こうした成長分野への労働・資金・設備などの移動も市場メカニズムを通じた資源配分の一例です。

価格メカニズムの限界　現実の市場経済においては，需要と供給の調整は価格を中心とした市場メカニズムによって処理されています。しかし，市場において価格メカニズムが有効に機能するためには，競争が完全でなければなりません。もし，独占や寡占が存在していますと，価格は市場の変化を人々に正しく伝えることができません。したがって，価格の動きに応じて行動したとしても，必ずしも合理的な活動ができるとはかぎりません。

　それゆえ，ミクロ経済分析においては，需要・供給分析による需給の調整や資源の効率的配分の問題だけでなく，それを不完全なものにする側面にまで視野を広げる必要があります。

3 需要・供給の価格弾力性

需要の価格弾力性

市場における調整は,価格と需給の関係によって説明することができます。とくに,市場に変化が生じると,需要・供給曲線がシフトすることによって価格が変化し,それに応じて需要量・供給量が調整されていくことになります。

このとき,需要量の大きさを決定する要因は何でしょうか。この問題を考えるうえで重要な概念が需要の価格弾力性です。そこで,まず需要の価格弾力性の定義からみていくことにします。

需要の価格弾力性 価格の変化率に対する需要量の変化率のことを,**需要の価格弾力性**といい,記号 η (イータ) を使って次のように表すことができます。

$$\eta = -\frac{需要量の変化率}{価格の変化率}$$

いま,価格 P が ΔP だけ変化し,それにともなって需要量 x が Δx だけ変化したとしましょう。需要の価格弾力性は,

$$\eta = -\frac{\Delta x / x}{\Delta P / P} = -\frac{\Delta x}{\Delta P} \cdot \frac{P}{x} \qquad \cdots\cdots ①$$

となります。価格と需要量の間には,価格が上昇すれば需要量は減少し,価格が下落すれば需要量は増加するという関係がありますから,通常,需要の価格弾力性は負の値になるのですが,弾力性の値はその絶対値をとった大きさで表すのが,マーシャル以来の習わしとなっています。①式にマイナスが付いているのはそのためです。

また，需要の価格弾力性は価格の変化率と需要量の変化率を相対的な値として表していますから，**相対弾力性**といいます。すなわち，価格が1％変化したとき需要量が何％変化するかを示すものです。これに対して，価格の変化分に対する需要量の変化分の割合は**絶対弾力性**といわれ，価格が1円変化したときの需要量の変化の割合を示し，需要曲線の傾き $\left(\dfrac{\Delta P}{\Delta x}\right)$ の逆数の大きさと等しくなっています。

　そこで，次に簡単な数値例を使って価格弾力性の値を求めてみます。ここでは，需要関数が $x=180-4P$ であるとして，需要量が80単位のときと，100単位のときの弾力性をそれぞれ求めてみることにしましょう。

　$\eta=-\dfrac{\Delta x}{\Delta P}\cdot\dfrac{P}{x}$ の $\dfrac{\Delta x}{\Delta P}$ の部分は，需要関数を x について解いたときの傾きになりますから，$x=180-4P$ より，$\dfrac{\Delta x}{\Delta P}=-4$ となります。

　$x=180-4P$ より，$x=80$ のときには，$P=25$ となりますので，①式より，需要の価格弾力性は，

$$\eta=-(-4)\times\left(\dfrac{25}{80}\right)=1.25$$

となります。同様に $x=100$ のときには，

$$\eta=-(-4)\times\left(\dfrac{20}{100}\right)=0.8$$

となります。

価格弾力性と需要曲線　　価格の変化と需要量の関係は需要曲線によって表されますので，需要曲線上で価格弾力性の大きさを測ることができます。

　ある消費財の需要曲線を示す図3-1において，A 点の弾力性を測ることにします。そのために，A 点に接線を引き，横軸との交点を C とし，縦軸との交点を B とします。さらに，A 点から両軸へ垂線を引き，それを E，F とします。弾力性を表す①式の各項は，

$$-\dfrac{\Delta x}{\Delta P}=\dfrac{EC}{AE} \qquad \dfrac{P}{x}=\dfrac{AE}{OE}$$

図3-1 需要の価格弾力性

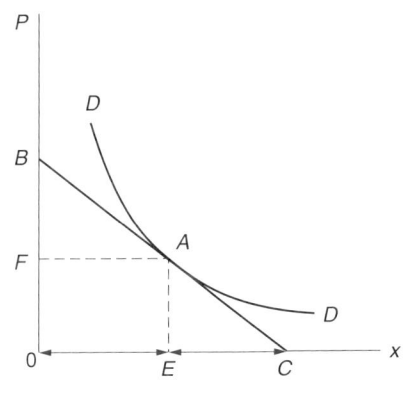

① 需要曲線DD上のA点の弾力性は、A点に接線BCを引くことによって求められます。
② 弾力性 $\eta = -\dfrac{\Delta x}{\Delta P} \cdot \dfrac{P}{x}$ のうち、$-\dfrac{\Delta x}{\Delta P}$は$A$点の接線である$BC$線の傾き$\dfrac{AE}{EC}$の逆数です。$\dfrac{P}{x}$は$\dfrac{AE}{OE}$となります。
③ ゆえに、弾力性は、$\eta = \dfrac{EC}{AE} \cdot \dfrac{AE}{OE} = \dfrac{EC}{OE}$ となります。

ですから、

$$\eta = -\frac{\Delta x}{\Delta P} \cdot \frac{P}{x} = \frac{EC}{AE} \cdot \frac{AE}{OE} = \frac{EC}{OE} \qquad \cdots\cdots ②$$

となります。したがって、図のうえでは価格弾力性の値は$EC:OE$によって表すことができます。それゆえ、もしA点がたまたま$EC = OE$であれば$\eta = 1$となりますし、$EC > OE$であれば$\eta > 1$、逆に$EC < OE$であれば$\eta < 1$となります。

ところで、②式より、$\dfrac{EC}{AE}$は需要曲線上のA点の勾配$\dfrac{AE}{EC}$の逆数ですから、弾力性の公式である①式は、次のように書き換えることができます。

$$\eta = \frac{1}{\text{需要曲線の勾配}} \times \frac{P}{x}$$

この式から、弾力性の大きさは需要曲線の勾配の絶対値が大きいほど小さいことがわかります。つまり、需要曲線の傾きが急なほど弾力性は小さいということです。弾力性が小さい場合には、たとえば価格が低下しても需要量はそれほど増加しないということを意味します。逆に、需要曲線の傾きが緩やかなほど弾力性は大きく、価格の変化に対して需要量が大きく変化することになります。

図3-2　直線の需要曲線と弾力性

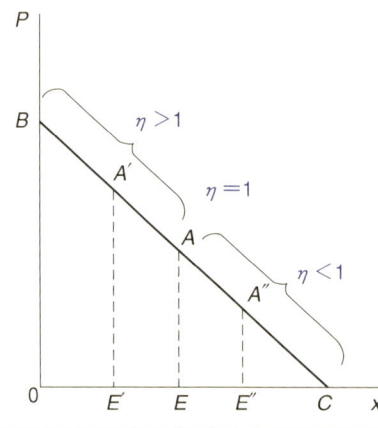

① 需要曲線が直線の場合，$\eta=1$ となるA点が決まると弾力性の値の領域を確定できます。
② A点より左上の領域では弾力性は1より大となります。右下の領域では，1より小となります。
③ ゆえに，同一需要曲線上でも位置によって弾力性の値が異なることがわかります。

　ところで，需要曲線上で弾力性の大きさを測ることができますが，先の①式からわかりますように，需要の価格弾力性は需要曲線上の各点における傾き$-\dfrac{\Delta x}{\Delta P}$とその点の高さ$\dfrac{P}{x}$に依存しています。それゆえ，同一需要曲線上でも測定する位置によって弾力性の値は異なります。

　このことは，図3-2に示されるように，需要曲線が直線の場合を例に取るとよくわかります。②式から需要曲線上の弾力性の値は$\dfrac{EC}{0E}$で示すことができます。そこで，需要曲線上の中点をAとしますと，ここで$EC=0E$となりますので，弾力性$\eta=1$となります。A点より左上の任意の点A'をとりますと，$E'C>0E'$より$\eta>1$となります。左方へ行くほど弾力性は大きくなり，縦軸切片上では無限大となります。一方，A点より右下の任意の点A''をとりますと，$E''C<0E''$より$\eta<1$となります。よって，右下へ行くほど弾力性は小さくなり，横軸切片上ではゼロとなります。

需要の価格弾力性の大きさを決めるもの

弾力性の値の分類　　弾力性は1を基準にして，$\eta>1$の場合を弾力的といい，$\eta<1$を非弾力的といいます。財によって弾力性の値は異なりますが，弾力性の値とその意味については表3-1のようにまとめることができます。

表3-1 価格弾力性の分類

$\eta = 1$	価格の変化率と需要量の変化率が等しい場合で,「**弾力性1**」といわれます。
$\eta > 1$	弾力性の値が1よりも大であるとき,これは価格の変化率以上に需要量の変化率が大きい場合で「**弾力的**」であるといわれます。
$\eta \to \infty$	価格がわずかでも上昇すると需要量はゼロになり,反対に価格がわずかでも下落すれば需要量は限りなく増えるような場合,需要の価格弾力性は無限大となり,「**完全弾力的**」といわれます。
$\eta < 1$	弾力性の値が1より小であるとき,これは価格の変化率以下しか需要量が変化しない場合であり,「**非弾力的**」といわれます。
$\eta = 0$	価格が変化しても需要がまったく変化しない場合,需要の価格弾力性は0であり,「**完全非弾力的**」といわれます。

弾力的な財と非弾力的な財　弾力性が無限大やゼロといった極端なケースを除けば,ほとんどの財は弾力性が1より大か小のどちらかに分類されます。このうち,弾力性の値が1を超える「弾力的」な財の場合には,価格よりも需要量の変化率の方が大きいために,価格の変化に対して需要量が大きく変化することになります。これは,贅沢品や代替品のある財に多くみられます。たとえば,レジャー用品などは価格が下がると需要量が増大します。ハンバーガーなども他の食品で代替することができますので,価格が上がれば需要量は減少しますし,価格が下がれば需要量は増大することになります。

一方,弾力性が1より小さい「非弾力的」な財の場合には,価格の変化率よりも需要量の変化率の方が小さくなります。したがって,価格が変化しても需要量はそれほど変化しません。生活必需品のほかに代替品がない財がこのケースにあたります。

たとえば,自動車を使って仕事をしている人は,ガソリンの価格が上昇してもガソリンの需要量を減らすことができませんので弾力性の値は小さくなります。

供給の価格弾力性

供給の価格弾力性　弾力性の概念は，供給の理論にも適用できます。供給量を価格の関数としますと，価格の変化に対する供給量の変化の割合のことを**供給の価格弾力性**といいます。記号 η_s を使って表せば，

$$\eta_s = \frac{供給量の変化率}{価格の変化率}$$

と定義されます。

いま，価格 P が ΔP だけ変化し，それにともなって供給量が ΔS だけ変化したとしましょう。このとき，供給の価格弾力性（η_s）は，

$$\eta_s = \frac{\Delta S/S}{\Delta P/P} = \frac{\Delta S}{\Delta P} \cdot \frac{P}{S} = \frac{1}{供給曲線の勾配} \cdot \frac{P}{S} \qquad \cdots\cdots ①$$

と表すことができます。

ところで価格の変化と供給量の変化とのあいだには，価格が上昇すれば供給量が増加し，価格が下落すれば供給量も減少するという関係がありますから，供給の価格弾力性の値は，常に正の値として導かれます。さらに，弾力性の値はゼロから無限大の値をとりえます。それぞれの値がもつ意味は需要の価格弾力性の場合と同様に考えることができます。

①式からわかりますように，弾力性の大きさは供給曲線の勾配の絶対値が大きいほど小さくなります。つまり，供給曲線の傾きが急なほど弾力性は小さいということです。この場合には，たとえ需要量が増加してもそれに対応してすぐに供給量を拡大することができないために，価格が大きく上昇することになります。逆に，供給曲線の傾きが緩やかなほど弾力性は大きく，需要の変化に対して供給量が速やかに対応できます。

弾力的な財と非弾力的な財　供給の価格弾力性も需要の価格弾力性と同じように，1よりも大きい場合を**弾力的**といい，1よりも小さい場合を**非弾力的**といいます。

そこで，図3-3のように，傾きの異なる2本の供給曲線 S_0 と S_1 を描いて，そ

図3-3 供給の価格弾力性と需要変化

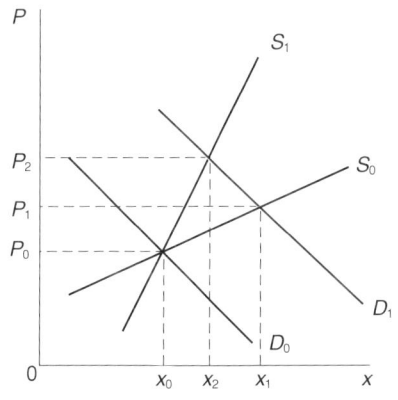

① 出発点として，需要曲線D_0と供給曲線S_0あるいはS_1との交点に対応して価格はP_0に，取引量はx_0に決まっているとします。
② 供給の価格弾力性が大きいS_0の場合には，需要が増えても生産量の増大(x_1)で吸収するので，価格はP_1のようにあまり上昇しません。
③ 供給の価格弾力性が小さいS_1の場合には需要が増えても生産はあまり拡大できません(x_2)ので，価格が上昇(P_2)することになります。

のちがいをみてみます。たとえば，何らかの理由で需要曲線がD_0からD_1へと右方にシフトしたとしますと，弾力性の大きいS_0の場合には需要の増大を生産の増加で吸収できますので，価格はP_1とあまり上昇しません。一方，S_1のように弾力性が小さい場合には，需要が増加すると価格がP_2へと大きく上昇することになります。

供給の価格弾力性の値を決める要因　供給の価格弾力性の値は財によってさまざまですが，一般に工業製品は弾力的であり，農産物のような一次産品の方が非弾力的です。これは，工業製品は在庫を保有することができるために，需要の増大にすぐに対応できますし，価格の変化に対しても比較的短時間で大きな費用の変動をともなうことなく生産を調整することができるからです。したがって，工業製品は需要の変化に対して価格変動が比較的小さいということがいえます。

これに対して，農産物などは需要が増大したからといってすぐに作付面積を増して供給量を拡大するわけにはいきません。作付から収穫までには長い時間がかかります。それゆえ，需要が増加すると価格が上昇することになります。

石油なども，すぐに採掘油田を増やすことができませんので，供給の価格弾力性は低いといえます。このように，弾力性が低い財は需給の変化に対して価格が大きく変動しますので，そのリスクを回避するために先物市場が発達することになります。

第 2 部　消費者行動理論

4 無差別曲線

合理的行動

消費活動の目的　すでにみましたように，消費者はさまざまな生産要素を企業に提供し，その見返りとして所得を得ます。その所得を用いていろいろな財やサービスを購入することを**消費活動**といいます。

　消費活動の目的は，購入した財によって欲求の充足をはかることにあります。ただし，消費者のニーズや欲望は限りなく大きいものですが，消費者が使うことのできる所得には限度があります。したがって，消費者にとって重要なことは，所得を無駄なく使うということです。そのためには，消費から得られる満足が最も大きくなるように所得を使う必要があります。これが，消費者にとっての合理的行動です。

総効用と限界効用　消費者が一定の所得を用いて財・サービスを消費する場合，そこから得られる満足を最大にするように合理的な行動をとると仮定されています。ここで，消費から得られる満足の度合を**効用**といいます。

　この効用という概念は，その内容を総効用と限界効用に分けることができます。**総効用**とは，消費する財全体から得られる満足の大きさのことであり，消費量が増えるにしたがって増加すると考えられます。一方，**限界効用**は消費財を追加的に1単位増加させたときに得られる総効用の増加分のことです。消費が増加するにしたがって次第に欲求が満たされていくために，追加的消費から得られる限界効用の大きさは低下していくと考えられます。

　つまり，人々が財の消費を連続的に増加させていったときには，各単位当たりの消費から得られる効用の総和（総効用）は増加していきます。しかし，限

図4-1　効用曲線

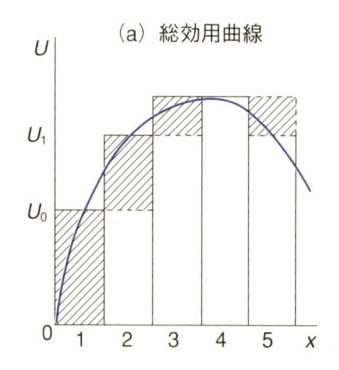

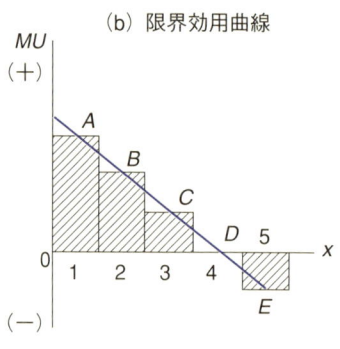

(a) 総効用曲線

① (a)では，横軸に消費量x，縦軸に総効用Uが測られています。
② 消費量が増えるにしたがって総効用は増加していきます。
③ ただし，総効用の増え方は，しだいに小さくなっていきます。これは斜線で示される限界効用が逓減していくためです。
④ ある限度を超えると総効用も低下します。このときには限界効用はマイナスになっていきます。
⑤ (b)では，縦軸に限界効用MUが測られています。
⑥ 限界効用の大きさだけをとりだしますと，財の消費量が増えるにしたがって限界効用は逓減していきますので限界効用曲線は右下がりの曲線で示されることになります。

(b) 限界効用曲線

界効用は徐々に逓減すると仮定されています。このことを，**限界効用逓減の法則**といいます。総効用と限界効用との関係は図4-1のようになります。

　たとえば，夏の暑い日にビールを飲むことはとても効用（満足度）が高いものです。しかし，そんなときに飲むビールも，1杯目よりも2杯目，2杯目よりも3杯目というように，量を重ねていくとおいしさが減っていくことでしょう。つまり，次に飲むコップ1杯のビールは，前に飲んだ1杯目よりもおいしさが減っていく，これが限界効用逓減の法則というものです。

　図4-1の（a）では，縦軸に総効用（U）を，横軸に任意の財（X財）の消費量をとってあります。この図から，1単位目の消費から得られる総効用はU_0，2単位目の消費から得られる総効用はU_1であることがわかります。も

し，財の消費単位を微小に区切ったならば，総効用関数は曲線で描けます。

次に，総効用の増加分である限界効用 MU を縦軸に，X 財の消費単位を横軸にとれば，（b）図の限界効用曲線が描け，限界効用は逓減していることが読みとれます。そして，（a）図と（b）図を見比べると，総効用が最大になっている消費単位のところで限界効用はゼロとなり，総効用が減少しているところでは限界効用は負の値になっていることが読みとれます。限界効用がゼロになるところを欲求飽和点といいます。ビールも，あまり飲みすぎると逆に気分が悪くなるというときには，ビールの限界効用はすでに負になっているのです。

このような条件のもとで，以下において財を消費する場合，できるだけ効用を大きくしようとする消費者の合理的行動を分析していきます。

無差別曲線

無差別曲線　消費者行動を説明する場合の分析ツールの一つは無差別曲線です。これは，消費する財の組み合わせがもたらす同一の効用水準を表す曲線のことです。

いま，2つの財，X，Y の数量を縦軸と横軸にとった図4-2のようなグラフを考えましょう。グラフ中の各点 A，B，C，D は，それぞれ X 財，Y 財の数量の組み合わせを表しています。まず，A 点と B 点を比較してみましょう。X 財の数量は，両方とも同じですが，Y 財については A 点の組み合わせの方が数量が多くなっています。財の消費から得られる効用（総効用）は，財の数量が多くなるほど大きくなりますから，B 点の組み合わせよりも A 点の組み合わせの方が選好されます。同じようにして各点の効用を比較した場合，D 点の効用が最も高くなり，選好の順位が最も高いといえます。

仮に，A 点と C 点における財の数量から得られる効用が同じ程度だとしましょう。このとき，両点は互いに無差別の関係にあるといいます。財の数量の組み合せはグラフ中の4点だけでなく，無数に存在します。したがって，A 点と C 点のように効用が等しい関係にある財の数量の組み合わせも無数に存

図4-2　順序付け

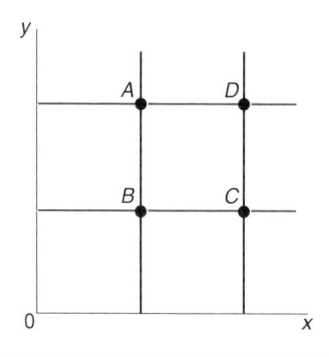

① $A \sim D$ の各点は，それぞれ X 財と Y 財の消費量の組み合わせを表しています。
② A 点は B 点よりも Y 財の消費量が多いので，効用もより大きくなります。
③ C 点は B 点よりも X 財の消費量が多いので，効用もより大きくなります。
④ A 点と C 点の効用が同じと仮定しますと，両点は無差別の関係にあります。
⑤ D 点はこの4つの中で最も効用が大きい点です。

します。そのような効用の等しい点を次々と結んでいくと，右下がりの曲線が得られます。この曲線は，互いに無差別の関係にある財の数量の組み合わせを結んだ曲線なので，無差別曲線と呼ばれます。

消費者選好の条件　消費者がある財を組み合わせて消費をする場合，そこには無差別曲線で表される関係があることがわかりましたが，無差別曲線によって消費者の合理的行動を表す場合には次のような条件が満たされていることが必要です。

完全性の仮定：任意の財 (X, Y) の組み合わせを考える場合，たとえば，A (x_0, y_0) と B (x_1, y_1) について，A より B が好ましいとか，B より A が好ましいとか，あるいは A と B はどちらも同じように好ましい（すなわち無差別である）というように選好に順序を付けることができます。

不飽和の仮定：消費者は財を消費する場合，1つの財について限界効用がゼロになるほど，すなわち，欲求飽和点に達するほど消費することはありません。したがって，いずれの財も限界効用がプラスのところで消費しているので，財の消費量が増えるほど総効用は増加します。したがって，どの財も量の多い方が効用は大きくなります。

図4-3 無差別曲線

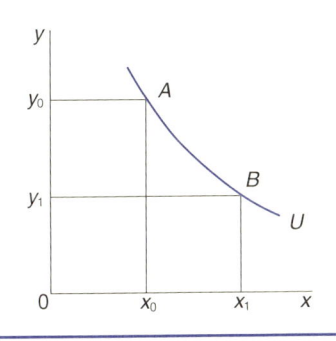

① A点とB点の消費の組み合わせが同じ効用を与えるとき,両点は無差別であるといわれます。
② A点において,X財の消費量をx_0からx_1に増加させると効用が増加しますから,同一無差別曲線上にとどまるためには,Y財をy_0からy_1まで減らす必要があります。
③ それゆえに,無差別曲線は右下がりとなります。

推移律の仮定:消費者は嗜好に一貫性があり,たとえば組み合わせがA,B,Cの3つであるとき,AよりBが選好され,BよりCが選好されるなら,AよりもCが選好されることになります。このように,選好が推移的であれば,AとBが無差別で,BとCが無差別であるなら,AとCも無差別となります。

代替性の仮定:X,Y2財の無差別曲線を引く場合,この2つの財は代替財であることが前提とされています。したがって,X財の消費量が増えて効用が増加しても,Y財の減少によって効用が減少しますから,相殺されて同一無差別曲線上にとどまることができます。

無差別曲線の性質

無差別曲線の性質　　無差別曲線は4つの性質をもっています。

(1)　無差別曲線は右下がりです。

　これは,一方の財の消費量が増えると効用は増加しますので,同一無差別曲線上にとどまるためには,もう一方の財の消費量を減少させなければならないからです。したがって,図4-3のように無差別曲線は右下がりとなります。

(2)　原点から遠い無差別曲線ほど効用は大きくなります。

　原点から遠い無差別曲線ほど2財の消費量が大きくなりますので,効用水準は高くなります。したがって,選好順位も高くなります。

図4-4 無差別曲線は交わらない

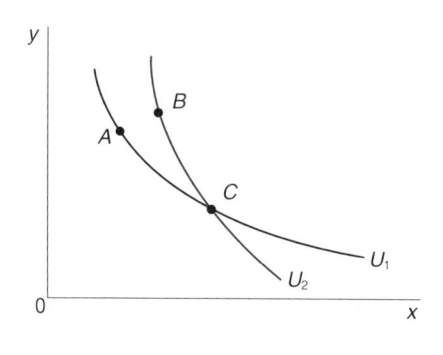

① A点とC点は同じ無差別曲線上にある消費の組み合わせですから無差別であり，B点とC点も同様に無差別です。したがって，A点とB点は無差別ということになります。

② しかし，A点とB点を比較すると，明らかにB点の方が効用は高くなっていますから矛盾してしまいます。したがって，無差別曲線は交わることはありません。

(3) 無差別曲線は交わりません。

いま，図4-4において，2本の無差別曲線がC点で交わっているものと仮定します。A点とC点は同じ無差別曲線U_1上にありますから，両点は無差別の関係にあります。同様に，B点とC点も同一無差別曲線U_2上にありますので無差別の関係にあります。すると，A点とB点も無差別の関係になければならないのですが，A点とB点を比べると，B点の方が右上方にありますのでA点より効用水準が高くなっています。このことは，A点とB点が無差別であるということと矛盾します。したがって，無差別曲線は交わることがないのです。

(4) 無差別曲線は原点に対して凸型をしています。

この性質は，次の項で学ぶ限界代替率逓減の法則を仮定することによって証明されます。

限界代替率逓減の法則　　ここでは，限界代替率とはどういうことなのか，無差別曲線はなぜ原点に対して凸型をしているのかを考えていきます。

図4-5において，ある消費者が選好しようとしているX財とY財の数量の組み合わせが，A点であるとし，その点を通る無差別曲線がU_0であるとします。

図4-5 限界代替率逓減の法則

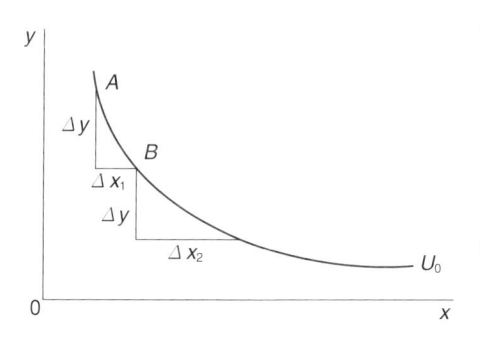

① A点において、Y財の消費量をΔyだけ減らしたとき、もとの効用水準と同じ効用を得るためには、X財をΔx_1だけ増加させなければなりません。このとき、$\frac{\Delta y}{\Delta x_1}$の絶対値を、限界代替率といいます。

② 無差別曲線に沿ってA点からB点に移動するにつれて、限界代替率は逓減します。つまり、同じY財の減少分に対して、増加させなければならないX財の量は増加します。

　このとき、この消費者が何かの理由でY財の数量をΔyだけ減らしたとします。すると効用水準はU_0よりも低くなってしまいます。前と同一の効用水準を維持するためには、X財をΔx_1だけ増やさなければなりません。このとき、同じ効用水準を維持するために減らしたY財の数量と増やしたX財の数量の比率を**限界代替率**（***MRS***；Marginal Rate of Substitution）といいます。それは、

$$MRS = -\frac{\Delta y}{\Delta x}$$

で表され、一般に負の値をとりますが、通常は絶対値で表します。

　消費者の選好しようとしている財の組み合せがB点に移ったとき、限界代替率はどうなるでしょうか。この点はA点よりもY財全体の数量が少なく、X財の数量が多くなっています。財の数量が少なくなると限界効用は高くなりますから、失う効用も高くなります。反対に、財の数量が多くなれば、追加単位から得られる効用は低くなりますから、同じ効用水準を得るためには、より多くの財を消費しなければなりません。したがって、B点ではY財をΔyだけ減らしたとき、同じ効用水準U_0を維持するためには、A点のときよりも

多くの X 財（Δx_2）を消費しなければなりません。それゆえ，B 点での限界代替率は A 点のそれよりも小さくなります。Y 財の数量がさらに少ない組み合わせを選好すれば，限界代替率の絶対値はより小さくなっていきます。このことを**限界代替率逓減の法則**といいます。

　図4-5で Δy の大きさを限りなく小さくしますと，限界代替率は無差別曲線上の各点における接線の傾きであると考えることができます。限界代替率逓減の法則を考慮に入れると，接線の傾きの絶対値は X 財の消費量が増加するにしたがって，しだいに小さくなります。それゆえ，無差別線は原点に対して凸型となります。

5 最適消費行動

予算制約

無差別曲線の理論から，消費者がより高い効用を得るためには，消費しようとしている財の数量を多くすればよいことがわかりました。果たしてそれは可能でしょうか。

予算線　人々の所得は無限に与えられるものではありません。したがって，より高い効用を得るために財の消費を増やそうとしても，そう簡単にできるものではありません。そこで，限られた所得をいかに支出したら，より効用の高い合理的な消費生活ができるかが問題となります。ここでは，家計の所得と支出の関係から考えていきます。

いま，ある消費者の所得が M，2財の価格と数量がそれぞれ，P_X, P_Y, x, y で表されるものとします。さらに，この消費者は，所得をすべて X 財，Y 財の消費に振り分けるものとします。すると，

$$M = P_X x + P_Y y$$

という式が成り立ちます。この式は，**予算制約式**，あるいは予算方程式と呼ばれるもので，2財の任意の数量の組み合わせとそれに対する支出が，消費者の所得 M と等しくなっていることを示しています。

予算方程式を，縦軸に Y 財の数量 y，横軸に X 財の数量 x，をとったグラフで表します。そのために，予算方程式を y について解きます。

$$y = -\frac{P_x}{P_y} x + \frac{M}{P_y}$$

図5-1　予　算　線

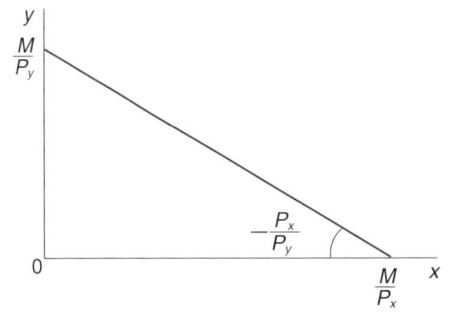

①　縦軸切片は所得をすべてY財の消費に費やした場合に購入可能なY財の最大量を表しており，同様に横軸切片はX財の最大購入量を表しています。

②　予算線の内側および予算線上のすべての消費量の組み合わせはこの予算の範囲内で購入可能な組み合わせを表しており，予算線よりも右上の組み合わせは購入不可能な組み合わせになります。

この式は，傾きが $-\dfrac{P_x}{P_y}$，切片が $\dfrac{M}{P_y}$ である直線の方程式を意味していますから，予算方程式は図5-1のような右下がりの直線として描けます。そして，この直線のことを**予算線**といい，グラフ全体を予算平面といいます。

予算可能領域　　このグラフで，予算線上および，その左側の領域での各座標は，消費者の所得 M のもとで消費可能な2財の数量の組み合わせを示しています。この領域を**消費可能領域**と呼ぶことができます。また，予算線よりも右側の領域での各座標は，この消費者の所得では消費が不可能な2財の組み合わせを示しています。

たとえば，ある消費者の所得が10万円で，X財の価格が500円，Y財の価格が1,000円であるとしますと，この消費者の予算方程式は，

$$500x + 1{,}000y = 100{,}000$$

$$y = -\frac{1}{2}x + 100$$

のように表されます。

図5-2 消費者均衡点

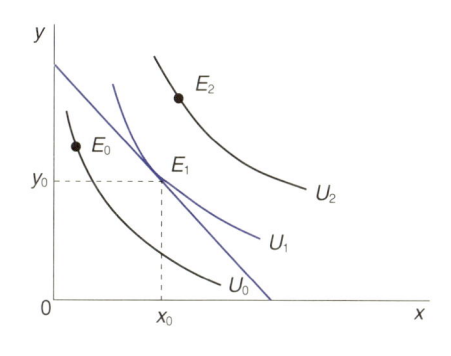

① E_0点は，支出を増やすことによってより高い効用を得ることができます。
② E_2点は，予算線よりも右上に位置していますから，消費不可能な点です。
③ E_1点は予算線と無差別曲線が接する点で，この点からどちらかの財の消費量をわずかでも変化させますと，効用水準が低下するか消費不可能になってしまいます。したがって，図のなかでは最大の効用をもたらす点であり，消費者均衡点となっています。

最適消費行動

これまで別々に扱ってきた，無差別曲線と予算線を1つのグラフで表してみましょう。それによって，消費者にとって最適な消費行動は，どのようにして決定されるのかを考えます。

消費者均衡点　図5-2には，ある消費者の無差別曲線と予算線がいっしょに描いてあります。

グラフ中のE_0点は，効用水準がU_0であり，予算線の左側の領域にありますので，消費可能な2財の数量の組み合せを示しているといえます。しかしながら，E_0点では，支出が所得よりも少なくなっていますので，2財の数量を増やすことによって，より高い効用水準を得ることが可能です。

次に，E_2点を見てみます。この点の効用水準は，グラフ中の3点の中では効用水準が最も高いのですが，予算線の右側の領域に位置していますから，この消費者の所得では消費不可能な2財の組み合わせであることがわかります。以上のことから，一定の所得の範囲内で最大の効用を得るためには，E_1点を選択

しなければなりません。この点は無差別曲線と予算線が接している点であり，**消費者均衡点**と呼ばれます。このことから，消費者が最も合理的な消費行動をとるためには，Y 財を y_0，X 財を x_0 だけ消費することが望ましいといえます。ここで，**最適消費計画**が達成されることになります。

消費者均衡成立の条件　消費者均衡点 E_1 は，無差別曲線と予算線が接している点ですので，ここでは無差別曲線の接線の勾配である限界代替率と予算線の勾配である２財の価格比が等しくなっています。両者の大きさは絶対値で表すことができますので，そこには，

$$\frac{\Delta y}{\Delta x} = \frac{P_x}{P_y} \qquad \cdots\cdots ①$$

の関係が成り立つことになります。したがって，消費者均衡成立の条件は，限界代替率＝２財の価格比となります。

加重限界効用均等の法則

ところで，①式の左辺の限界代替率は，一方の財の数量を減らしたときに，同じ効用水準を維持するために増やさなければならないもう一方の財の数量と，減らした財の数量との比率を表しています。ここで，Y 財を Δy だけ減らしたときに失う効用の大きさを $MU_y \cdot \Delta y$，X 財を Δx だけ増加させたときに得られる効用の大きさを $MU_x \cdot \Delta x$，とすれば，

$$MU_x \cdot \Delta x + MU_y \cdot \Delta y = 0$$

という関係が成り立ちます。ここでは，実際には Δy はマイナスの大きさをとることになります。この式から，

$$\frac{\Delta y}{\Delta x} = \frac{MU_x}{MU_y} \qquad \cdots\cdots ②$$

が導き出されます。さらに，①式と②式より，

$$\frac{MU_x}{MU_y} = \frac{P_x}{P_y} \text{ あるいは,}$$

$$\frac{MU_x}{P_x} = \frac{MU_y}{P_y} \qquad \cdots\cdots ③$$

と,なります。

　③式は各財の1円当たりの限界効用が両財について等しいとき,家計の効用最大化が達成されることを意味しています。これを一般に**加重限界効用均等の法則**と呼んでいます。ここで,加重とは,限界効用をそれぞれの価格で割るということです。また,この法則は,ドイツの経済学者,ゴッセンによって発見されたことから,**ゴッセンの第2法則**と呼ばれることもあります。

6　所得変化と消費需要

所得変化と消費需要

所得変化と予算線　これまでみましたように，消費者が合理的に行動するかぎり，無差別曲線と予算線が接する消費者均衡点で消費が行われると考えられます。そこで，ここでは価格を不変として所得が増加した場合に，消費需要はどのように変化するかをみていきます。

　所得の増加は，消費者にとって消費可能な範囲を拡大することになりますので，まず，予算制約を表す予算線がどのように変化するかをみてみましょう。予算線の方程式は，

$$y = -\frac{P_x}{P_y}x + \frac{M}{P_y}$$

です。X 財，Y 財の価格不変のもとで所得 M が増加すると，予算方程式のうち縦軸切片の大きさを表す $\frac{M}{P_y}$ の値が大きくなります。したがって，予算線は図6-1に示されるように傾きを変えずに右上方へシフトすることになります。このことは，2財の価格がともに低下して実質所得が増加する場合にも当てはまります。逆に，所得が減少する場合には，左下方に平行移動することになります。

所得・消費曲線　次に，所得が増加するとき，消費需要がどのように変化するかをみていきます。

　いま，予算線 M_0 と無差別曲線 U_0 の下で，消費者均衡点が E_0 で与えられているとします（図6-2）。このときの最適購入量は x_0, y_0 となります。ここで，所得が増加したために，予算線が M_1 へとシフトしたとします。先に無差別曲線

図6-1 所得変化と予算線のシフト

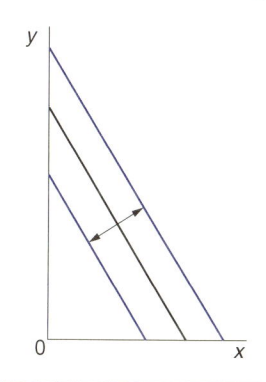

① 所得が増加すると，予算線の方程式のうち縦軸切片を表す$\frac{M}{P_y}$の値が大きくなりますので，予算線は傾きを変えずに右上方へシフトします。
② このことは，消費可能領域が拡大することを意味します。
③ 所得が減少する場合には，予算線は左下方に平行移動することになります。

図6-2 所得・消費曲線

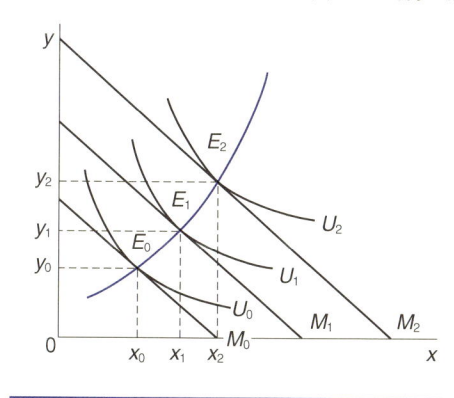

① 所得が増加するにつれて，予算線はM_0からM_1，M_2へとシフトします。
② 予算線のシフトにともなって，消費者均衡点はE_0，E_1，E_2へと移動していきます。
③ 消費者均衡点の軌跡E_0，E_1，E_2を結んだ曲線を所得・消費曲線といいます。

の性質のところで，無差別曲線は無数に存在することがわかりましたので，新しい予算線M_1と接するような無差別曲線U_1が見出されるはずです。すると新たな消費者均衡点はE_1になり，最適購入量はx_1，y_1となります。さらに所得が増加して予算線がM_2へとシフトすれば，消費者均衡点はE_2へと移動していきます。このようにして所得の増加にともなって移動した消費者均衡点を結んでいくと，右上がりの曲線が得られます。この曲線は，所得の変化に伴う2財の消費量の変化の点を結んだものなので，**所得・消費曲線**と呼ばれます。

図6-3 所得・消費曲線が左上がりのケース

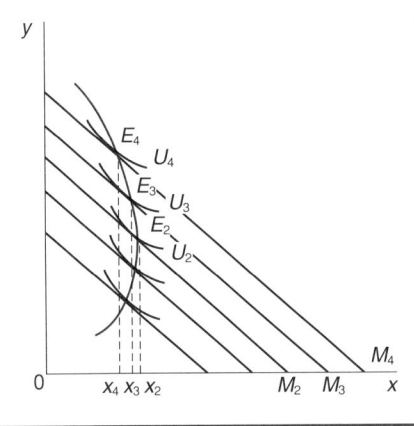

① はじめは所得の増加につれてX財、Y財ともに需要量が増加していきます。
② M_2を超えて所得が増加すると、X財の需要量はx_2からx_3、x_4へと減少していきます。
③ したがって、所得がM_2の水準を超えると、X財は下級財となります。

上級財と下級財

図6-2に示されるように、所得・消費曲線が右上がりの場合には、所得の増加に伴ってX財、Y財とも需要量が増加していくのがわかります。このように、所得の増加とともに需要量が増える財を**上級財**（**正常財**）といいます。

一方、所得・消費曲線が図6-3のような形をしている場合には、ある水準までは所得の増加にともなってX財、Y財ともに増加していきますが、所得増加が一定限度を超えると、X財の需要量は減少に向かいます。このように、所得が増加するとき需要量が減少する財を**下級財**（**劣等財**）といいます。

ある財が下級財になるのは、多くの人が所得の増加につれて、たとえ値段は高くても、もっと品質のよい財を手に入れようとするからです。それゆえ、ある財が下級財になるかどうかは、代替財として品質のよい上級財が存在しているかどうかにかかわります。したがって、所得の増加に伴って需要量が変化するとしても、すべてが下級財になるわけではありません。ほかに代替財となるような上級財がなければその財を買わざるをえませんので、所得が増えても需要量が減ることはありません。つまり、ある財が下級財となるには、ワープロに対してパソコンというように代替財が存在し、なおかつ、その代替財が上級財でなければならないのです。

図6-4　エンゲル曲線

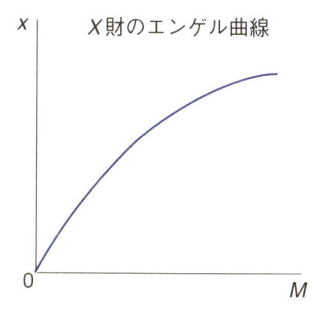

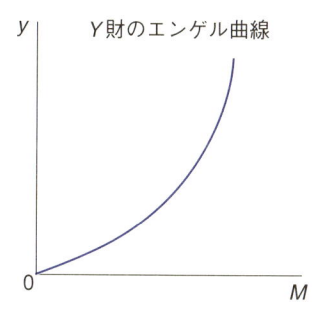

① X財，Y財ともに上級財の場合には，所得と特定財の需要量の動きを示すエンゲル曲線は右上がりとなります。
② 所得・消費曲線が図6-2に示されるように下に凸形の右上がりの曲線の場合，X財は，所得に対して比例以下の伸びしか示しません。したがって，X財のエンゲル曲線は上に凸形の曲線となります。
③ Y財は所得に対して比例以上の増加を示すことになりますので，Y財のエンゲル曲線は下に凸形の曲線となります。
④ 下級財の場合には，エンゲル曲線は右下がりとなります。

エンゲル曲線

次に，所得・消費曲線をもとにして，個々の財と所得の変化の関係をみていきます。まず，X財と所得の関係を見てみますと，図6-2のように所得・消費曲線が右上がりであっても下に凸形で湾曲している場合には，X財の需要量は所得に対し比例以下の伸びしか示さないことになります。一方，Y財については，所得の増加に対し比例以上の増加を示すことを意味しています。

そこで，横軸に所得水準M，縦軸にX財の需要量xをとって，両者の関係を図にしてみますと，そこには上に凸形をした右上がり曲線が得られます。これを**エンゲル曲線**といいます（図6-4）。また，Y財のエンゲル曲線は，所得の増加につれて勾配がより大きくなりますので，下に凸形の曲線となります。

財が下級財である場合には，所得の増加にともなって需要量が減少しますので，エンゲル曲線は右下がりとなります。

需要の所得弾力性

需要の所得弾力性　エンゲル曲線に示されるような，所得の変化に対する需要量の変化の関係は，需要の所得弾力性という概念を用いて表すことができます。

　需要の所得弾力性とは，所得 M の変化率 $\left(\frac{\Delta M}{M}\right)$ に対する特定の財の需要量 x の変化率 $\left(\frac{\Delta x}{x}\right)$ の割合のことであり，所得弾力性の係数を η_M とすると，次の式で表されます。

$$\eta_M = \frac{\frac{\Delta x}{x}}{\frac{\Delta M}{M}} = \frac{\Delta x}{\Delta M} \cdot \frac{M}{x}$$

　財が上級財の場合には，所得が増加するとき需要量も増加しますので，所得弾力性はプラスの値をとります。これに対し，下級財の場合には，所得の増加によって需要量が減少しますので，所得弾力性の値はマイナスになります。それゆえ，需要の所得弾力性の概念を用いますと，上級財は所得弾力性が正の財であり，下級財は弾力性が負の財であるということができます。

エンゲル係数　所得弾力性が1より小さい生活必需品の場合には，所得増加率に比べて需要量の増加率が小さいために，所得が増加するにつれてその財に対する支出額が所得に占める割合は低下していきます。

　その典型的なものは食料の支出額です。つまり，食料の所得弾力性は1より小さいために，食料費の所得に占める割合は所得の増加につれて低下していくと考えられます。

　所得が増加するにつれて消費支出に占める食料費の割合が次第に低下するという事実を最初に発見したのは，ドイツの統計学者 E. エンゲルです。それゆえ，これは**エンゲルの法則**と呼ばれています。消費支出に占める食料費の割合を**エンゲル係数**といいます。

　これに対して，耐久消費財，外食，旅行など所得弾力性が1より大きな財や

サービスは，所得の増大にともなってより大きな社会的支出を生み出していきます。それゆえ，そうした分野の産業は需要の増大とともに成長していくと考えられます。

7　価格変化と消費需要

価格変化と消費需要

価格変化と予算線　次に，価格変化と消費需要の関係についてみてみましょう。今度は，所得を一定として，2財のうちX財の価格のみが低下する場合を考えてみます。予算線の方程式，

$$y = -\frac{P_x}{P_y}x + \frac{M}{P_y}$$

からわかりますように，所得MとY財の価格P_yを一定にして，X財の価格P_xだけが低下しますと，予算線は縦軸との切片$\frac{M}{P_y}$を変えずに傾き$-\frac{P_x}{P_y}$だけが緩やかになります。つまり，横軸との切片$\frac{M}{P_x}$が右方へ移動することになります。このことは，所得をすべてX財の消費に当てたとき，購入できるX財の数量が増加することを意味しています。

価格・消費曲線　次に，消費者均衡点の動きに沿って価格が低下するとき，消費需要がどのように変化するかをみていきます。

　いま，予算線M_0と無差別曲線U_0のもとでの消費者均衡点が，図7-1のようにE_0で与えられ，このときのX財の価格をP_{x0}とします。

　ここで，X財の価格がP_{x1}に下落したとします。このとき，予算線は縦軸の切片を中心として右方へシフトし，M_1になります。新しい消費者均衡点はE_1で与えられ，最適購入量はx_1, y_1となります。さらに，X財の価格がP_{x2}へと下落すると，予算線はM_2となり，消費者均衡点はE_2，最適購入量はx_2, y_2となります。このようにして，X財の価格の下落にともなって移動した消費者均衡点を結ぶことによって得られる曲線を**価格・消費曲線**といいます。

図7-1 価格・消費曲線

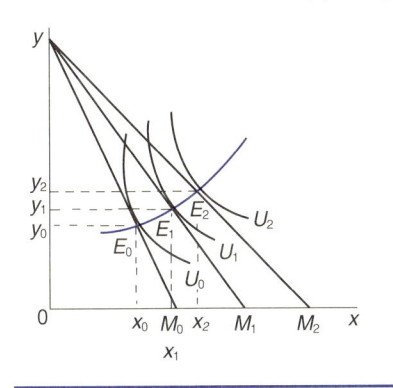

① X財の価格が下落するのにともなって予算線はM_0からM_1，M_2へとシフトし，消費者均衡点はE_0からE_1，E_2へと移動します。
② X財の価格の下落にともなって，X財の消費量はx_0，x_1，x_2へと増加していきます。
③ X財の価格の変化にともなう消費者均衡点の軌跡を結んだ曲線を価格・消費曲線といいます。

価格変化と需要曲線

需要曲線の導出　図7-1から，X財の価格の下落にともなってX財の購入量は増加していることが読みとれますが，この関係をグラフで示してみましょう。図7-1におけるX財の価格水準と購入量の組み合わせを座標に示し，その各座標を結びますと，図7-2のような右下がりの曲線が得られます。この曲線は，価格と購入量の関係を示したものですから，需要曲線にほかなりません。ただし，この需要曲線は1個人についての個別需要曲線であり，市場の需要曲線はこの個別需要曲線を合計したものとなります。

代替効果と所得効果

代替効果と所得効果　右下がりの需要曲線からわかりますように，価格の低下はその財の需要量を増加させます。ここには，価格が下がると需要が増えるというマーシャルの需要法則が成立しています。そこで，次には価格低下はなぜ需要量の増加をもたらすのかを考えることによって，消費需要増加の要因を探っていくことにします。

価格低下による需要増加は，その要因を代替効果と所得効果の2つに分けて考えることができます。これは，消費者均衡点を示す無差別曲線と予算線の図を用いて説明することができます。

図7-2 個別需要曲線

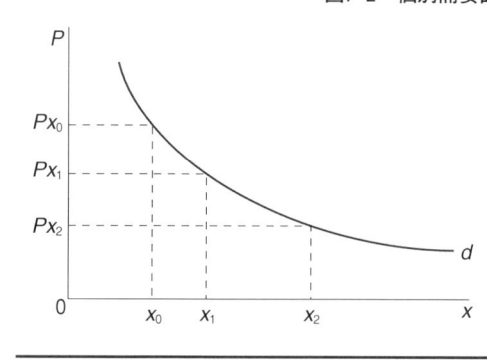

① X財の価格がPx_0のときには，X財の消費量はx_0であり，さらに価格がPx_1，Px_2へと下落するのにともなって消費量はx_1，x_2と増加していますから，その組み合わせの軌跡を結びますと，X財の需要曲線が得られます。
② この図は，図7-1から得られたX財の個別需要曲線を表しています。

　図7-3では，当初，無差別曲線U_0と予算線M_0の接点E_0で消費者均衡が成立しており，これを出発点にして，X財の価格が低下したことにより，予算線がM_0からM_1へと変化したと仮定された図が作成してあります。新たな均衡点はE_0からE_2へと移ります。ここでは，どのようなプロセスを通って，均衡点がE_0からE_2へ移動するのかをみていきます。

　図7-3に示されるように，価格低下によりX財の需要量はx_0からx_2に増加します。この需要増加をもたらす代替効果と所得効果の2つの効果を説明するために，E_2点を通る新たな予算線M_1と同じ傾きをもつ，架空の予算線M'_0をもとの無差別曲線U_0に接する位置に書き入れ，この線と無差別曲線U_0との接点をE_1とします。これによって，価格低下による効果を2つに分けて示すことができます。

代替効果　まず，Y財の価格が変わらず，X財の価格だけが低下しますと，X財はY財に比べて相対的に割安になりますし，逆にY財は相対的に割高になります。それゆえ，割高になったY財から割安になったX財への需要の乗り換えが生じると考えられます。それゆえ，X財の需要量は増加することになります。これが**代替効果**です。

　これを図7-3に則してみてみますと，E_0点を出発点にして，価格低下によって効用最大化のための限界代替率＝相対価格（2財の価格比）の条件がくずれ

図7-3 代替効果と所得効果

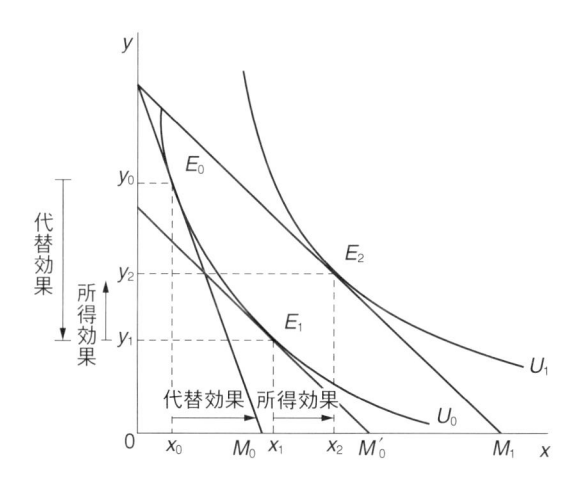

① X財の価格が下落したことによって、消費者均衡点はE_0からE_2へ移動し、X財の消費量はx_0からx_2へ増加します。

② 予算線M'_0は仮想的な予算線です、消費者均衡点E_0からE_1への移動は代替効果をみるためのものであり、代替効果によってX財の消費量はx_0からx_1へ増加したことを表しています。

③ 消費者均衡点E_1からE_2への移動は所得効果を表しており、所得効果によってX財の消費量がx_1からx_2へ増加したことがわかります。

るために$\left(\frac{dy}{dx} > \frac{P_x}{P_y}\right)$、消費者は新しい相対価格に2財の限界代替率が一致するまで無差別曲線U_0上で調整を行うと考えられます。その結果、E_0点からE_1点へとY財をX財に代替させていきますので、Y財の需要量はy_0からy_1に減少し、X財はx_0からx_1に増加します。この同一所得のもとで、同一無差別曲線に沿った調整が代替効果による需要量の変化です。E_1点では、再び$\frac{dy}{dx} = \frac{P_x}{P_y}$となります。

所得効果　　一方、X財の価格下落は消費者の実質所得を増加させ、この所得の増加が消費需要を増やすと考えられます。これが**所得効果**です。所得の増加は予算線を右上方に平行移動させますので、図7-3ではE_1点を通る架空の予算線M'_0がM_1まで上方に平行移動すると考えることができます。その結果、消費者均衡点はE_1からE_2に移りますので、X財の需要量はx_1からx_2に増加することになります。このように、価格低下によって実質所得が増加し、財の購

図7-4 下級財のケース

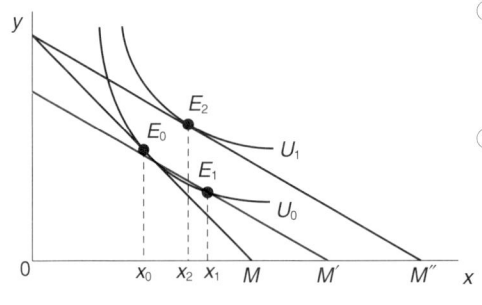

① 代替効果によってX財の消費量はx_0からx_1へ増加しますが、所得効果によってx_2へ減少します。
② X財が下級財の場合でも、通常は正の代替効果が負の所得効果を上回りますから、全部効果は正となり、X財の消費量はx_0からx_2へ増加します。

入量を増加させる効果を所得効果といいます。

なお、所得増加はY財の需要量も増加させます。したがって、図7-3に示されるように、Y財はy_1からy_2へと増加します。

全部効果 以上のように、代替効果と所得効果という2つの効果を通して、価格が下落したときに需要量が増加するわけです。この2つの効果を合わせて**全部効果**といいます。図7-3に則してみてみますと、X財の需要量は、代替効果による増加分 (x_1-x_0) と、所得効果による増加分 (x_2-x_1) の合計 (x_2-x_0) となります。この (x_2-x_0) が全部効果の大きさを表します。

下級財とギッフェン財 図7-3による説明からわかりますように、X財が上級財の場合には、X財の価格が下落したとき、代替効果および所得効果とも常に正になり、X財の需要量は増加します。

次に、X財が下級財の場合を考えてみましょう。図7-4のように、X財の価格が下落したことによって消費者均衡点はE_2になります。この場合も価格低下の効果を代替効果と所得効果に分けて考えることができます。ただし、ここでは、所得増加の効果が需要量を減少させる方向に作用することに注意する必要があります。

まず価格低下による代替効果からみていきます。図7-4に示されるように、

図7-5 ギッフェン財のケース

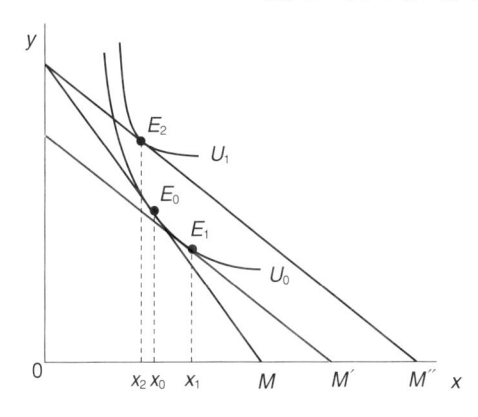

① 代替効果によってX財の消費量はx_0からx_1へ増加しますが、所得効果によってx_2へ減少します。
② X財がギッフェン財の場合、正の代替効果が負の所得効果を下回りますから、全部効果は負となり、X財の消費量はx_0からx_2へ減少します。

これはE_0からE_1への変化としてみることができます。代替効果によってX財の需要量はx_0からx_1へ増加します。一方、E_1からE_2への所得効果をみてみますと、X財が下級財のときには、実質所得の増加によって財の需要量は減少しますから、負の所得効果によってX財の消費量はx_1からx_2へと減少してしまいます。ただし、図7-4のケースでは、代替効果による需要量の増加が所得効果を上回るため、全部効果はプラスになり、X財の消費量はx_0からx_2まで増加します。

さらに、図7-5のような場合には、X財の価格下落による負の所得効果が正の代替効果を上回ってしまうため、全部効果はマイナスとなり、需要量は減少します。このケースでは、代替効果によってX財の需要量はx_0からx_1へと増加しますが、所得効果によってx_1からx_2へと需要量は減少し、最終的には$x_0 - x_2$の分だけ需要量は減少してしまいます。これを**ギッフェンの逆説**といい、このような財を**ギッフェン財**といいます。この場合にはマーシャルの需要法則は成立せず、需要曲線は右上がりになります。

ただし、一般に、特定の財の価格低下による実質所得の増加はわずかなものですから、たとえ下級財であったとしても代替効果を上回って需要量が減少することはありません。したがって、ほとんどの財について需要法則が成り立つ

図7-6 補償需要曲線

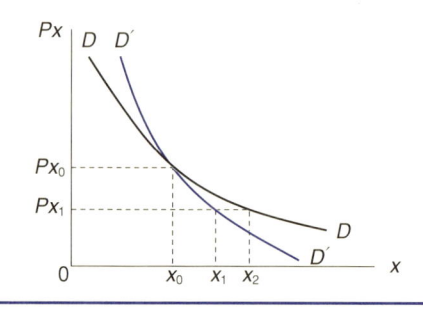

① D曲線は通常の需要曲線を表しています。
② D'曲線が代替効果による需要量の増加分のみを表す補償需要曲線です。
③ D曲線とD'曲線の水平差は所得効果によるX財の需要量増加分を表しています。

と考えられます。

補償需要曲線

補償需要曲線 これまで，価格変化が需要量に与える効果を代替効果と所得効果に分けて分析するとともに，2つの効果が作用した結果としての価格と需要量の関係を需要曲線によって表すことができました。

このように，通常の需要曲線は，価格の変化による需要量の変化を代替効果と所得効果の2つの効果から求めることができます。これに対し，この2つの効果のうち代替効果による需要量の変化のみを表す需要曲線を考えることができます。これが**補償需要曲線**です。これは，先の図7-3を用いて説明することができます。

上級財のケース すでに述べたように，図7-3において，E_0を出発点としてX財の価格がPx_0からPx_1に低下したとき，X財の需要量は代替効果によってx_0からx_1まで増加し，所得効果によってx_1からx_2まで増加します。そこで，ここから通常の需要曲線と代替効果による需要量増加のみを表す補償需要曲線を描きますと図7-6のようになります。

図7-6において，D曲線は代替効果と所得効果にもとづく需要曲線であり，D'曲線が代替効果のみを考慮して，X財の価格と需要量の関係を表した補償需要曲線です。

図7-7 下級財のケース

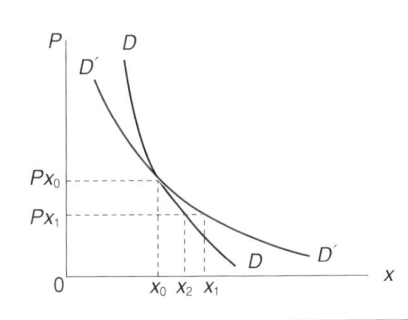

① 下級財の場合には所得効果が負になります。
② 価格下落の全部効果は正であり、需要量は x_0 から x_2 まで増加します。
③ しかし、内容をみますと、代替効果の方は、補償需要曲線 D' に沿って需要量を x_0 から x_1 まで増加させますが、所得効果によって、x_1 から x_2 まで需要量は減少することになります。

この場合、代替効果よる需要量の増加分は x_1-x_0 であり、所得効果による需要量の増加分は x_2-x_1 となります。したがって、D 曲線と D' 曲線の水平差が所得効果による X 財の需要量増加分を表すことになります。なお、このケースでは所得効果がプラスの値になっていますので、この X 財は上級財ということになります。

下級財のケース　X 財が下級財の場合には、需要曲線と補償需要曲線は図7-7のような関係になります。

このケースでは、価格が下落した結果、需要量は x_0 から x_2 に増加しますので、全部効果は正となっています。しかし、全部効果の内容をみますと、補償需要曲線に沿って代替効果によって需要量は x_0 から x_1 まで増加しますが、所得効果は負となりますので、需要量は x_1 から x_2 に減少することになります。

8 代替財と補完財

X 財の価格変化と Y 財の需要量変化

Y財の需要量変化 これまで，Y 財の価格を不変として X 財の価格が低下した場合，当該財である X 財の需要量がどのように変化するかを，代替効果と所得効果に分けて分析してきました。

今度は，X 財の価格が変化したとき，Y 財の需要量がどうなるかを考えてみましょう。図7–3 (p.47) からわかりますように，Y 財が上級財の場合には，代替効果は Y 財の需要量を減らしますが，所得効果は需要量を増やす方向に作用します。

このように，X 財の価格低下が Y 財の需要に及ぼす効果をみますと，代替効果と所得効果は互いに逆の方向に作用します。したがって，Y 財の需要量が増えるのか，減るのかを前もって判断することはできません。図7–3の例のように，代替効果による需要量の減少の方が所得効果による需要量の増加を上回る場合には，X 財の価格低下によって Y 財の需要量は減少します。

代替効果と所得効果に分ける意義 これまでの説明からわかりますように，ある財（X 財）の価格変化が他の財（Y 財）の需要量に与える影響をみるためには，価格変化の効果を代替効果と所得効果に分けて考えなければなりません。なぜなら，Y 財が上級財の場合には，たとえば X 財の価格が低下すると，所得効果は Y 財の需要量を増やしますが，代替効果は需要量を減少させるからです。それゆえ，とくに，消費額の大きな財の価格が低下するような場合には，実質所得の増加が大きくなりますので，それが他の財の需要量を増やすか減らすかは，代替効果と所得効果を比較しないと判断できないことになり

ます。

ここに，価格の変化が需要量に与える効果をみる場合，わざわざ代替効果と所得効果に分けて分析する意義があるといえます。こうした分析は9章，10章で示されるように，労働供給分析や消費・貯蓄分析といった分野の問題を考える場合にも使うことのできるミクロ経済学の重要な分析手法です。

代替効果と所得効果の区分は，次に述べるように代替財と補完財を定義する場合にも役立ちます。

粗代替財と粗補完財

粗代替財・粗補完財　X 財の価格が低下（上昇）するとき，Y 財の需要量が減少（増加）する場合には，X 財と Y 財は**代替財**の関係にあり，逆に Y 財の需要量が増加（減少）する場合には，両者は**補完財**であるといいます。

たとえば，X 財がコーヒーで，Y 財が紅茶の場合のように，コーヒーの価格が上昇するとコーヒーの代わりに紅茶の需要が増えるときには，両者は代替財となります。X 財が紅茶で，Y 財がレモンの場合には，紅茶の価格低下により紅茶の需要が増えると，レモンの需要もいっしょに増えますので両者は補完財となります。

ここでは，X 財の価格変化が Y 財に及ぼす効果を代替効果と所得効果の両方を含めて考えています。このように，両方を含めた場合，X 財の価格低下（上昇）が Y 財の需要量を減少（増加）させるとき，両者は**粗代替財**であるといい，Y 財の需要量を増加（減少）させる場合には，**粗補完財**であるといいます。

需要の交差弾力性　粗代替財と粗補完財の相違は，需要の交差弾力性を用いて表すこともできます。

通常，需要曲線上では，たとえば X 財について，その価格 P_x と需要量 x の関係が示されますが，X 財の需要量は Y 財，Z 財といった連関財の価格が変化する場合にも影響を受けます。その場合，連関財の価格変化に対する需要量

の変化の程度を表すものが**需要の交差弾力性**です。

需要の交差弾力性 η_{xy} は，Y 財の価格変化率 $\left(\frac{\Delta P_Y}{P_Y}\right)$ と X 財の需要量変化率 $\left(\frac{\Delta x}{x}\right)$ の比率として定義することができますので，次のように表すことができます。

$$\eta_{xy} = \frac{\frac{\Delta x}{x}}{\frac{\Delta P_Y}{P_Y}} = \frac{\Delta x}{\Delta P_Y} \cdot \frac{P_Y}{x}$$

この交差弾力性を用いて連関財を代替財と補完財に分類することができます。たとえば，コーヒーと紅茶のように2財が代替財の場合には，交差弾力性は，

$$\eta_{xy} = \frac{コーヒーの需要量変化率}{紅茶の価格変化率}$$

となり，紅茶の価格上昇はコーヒーの需要を増大させるために，交差弾力性は正となります。一方，レモンと紅茶のように2財が補完財の場合には，交差弾力性は，

$$\eta_{xy} = \frac{レモンの需要量変化率}{紅茶の価格変化率}$$

となり，紅茶の価格上昇はそこに使われるレモンの需要を減少させるために，交差弾力性は負となります。したがって，連関財のうち需要の交差弾力性が正であれば X 財と Y 財は粗代替財であり，負であれば粗補完財とみなすことができます。

純代替財と純補完財

代替財と補完財を区別する場合に，X 財の価格変化が Y 財の需要量に与える効果を代替効果と所得効果の両方を含めて考えたということは，実質所得ではなく，名目所得を一定として需要の変化を捉えたということにほかなりません。

8 代替財と補完財

　代替財と補完財の定義は，一般的には，これまでみてきましたように名目所得一定のもとでなされます。しかし，この定義では，たとえばX財がY財の粗代替財であってもY財はX財の粗代替財にはならないといった矛盾が生じることがあります。

　これは，先に述べたようにある財の価格変化が他の財の需要量に与える効果は代替効果と所得効果で異なることにその原因があります。たとえば，X財が上級財でY財が下級財であるとしますと，X財の価格低下がY財に与える効果は，代替効果，所得効果ともに負になりますので，Y財の需要量は減少します。ゆえに，X財とY財は粗代替財といえます。しかし，Y財の価格が低下する場合には，X財の代替効果は負ですが，所得効果は正となりますので，両者の大きさいかんによっては需要量が増加するケースを考えることができます。それゆえ，代替財と補完財を厳密に定義するためには，所得効果をとり除いて代替効果のみで行う必要があります。

　代替効果だけに注目し，X財の価格が低下するとき，Y財の需要量が減少する場合，Y財はX財の**純代替財**であるといいます。一方，X財の価格低下に対してY財の需要量が増加する場合，Y財はX財の**純補完財**であるといいます。

　なお，これまでの無差別曲線の議論からもわかりますように，X財とY財の2財だけの場合には，X財の価格が低下すると，代替効果はY財を必ず減少させますので，両者は必ず代替財の関係にあります。この場合には補完財はありえません。そこで，代替効果のみで代替財と補完財を定義する場合には，3財以上のモデルを考える必要があります。3財以上にすれば，代替効果のみを考えてもすべての財が代替財になるとはかぎりません。ただし，価格低下はその財自身の需要を増加させますので，効用が一定であるためには他の少なくとも1つの財の需要は減少しなければなりません。それゆえ，どのような財に対しても，少なくとも1つは代替財が存在するといえます。

9 消費理論の応用 1 ——労働供給の理論——

労働と余暇の選択

労働時間の選択 家計は企業に労働用役を提供することによって所得を得て，それによって企業から商品を購入するという形で消費行動を行っています。その場合，家計はより多くの時間を労働に使うことによってより多くの所得を得ることができます。しかしながら，働く時間が長くなればそれだけ余暇の時間は少なくなります。たとえば，残業が多くなればそれだけ家族や友人と過ごす時間が少なくなりますし，土曜や日曜も働くとなれば，なおさらそうした時間は少なくなります。

そこで，家計は働く時間を長くしてより多くの所得を得るか，それとも労働時間を少なくしてより多くの余暇を楽しむかの選択を考えることができます。ここから，労働供給の問題を考えることができます。この労働と余暇の選択の問題は，無差別曲線と予算線により効用最大化を説明するこれまでの消費理論を応用することによって説明することができます。

ところで，労働時間は労働の需要と供給によって決まりますので，労働供給を行う家計の側の要因だけから決定できるわけではありません。また，実際に就職している労働者個人は自由に労働時間を選択できるわけではありません。しかし，パートタイムで働く場合には労働時間を選択することができますし，一般の労働者の場合でも，労働組合が企業と交渉するときには賃金と労働時間の短縮との選択を考えることができます。また，週休2日制の普及による所定内労働時間の減少も所得と余暇の選択の問題として捉えることもできます。それゆえ，選択理論による労働供給分析にも一定の意味があるといえます。

所得と余暇の無差別曲線

所得と余暇の効用関数　労働1時間当たりの賃金を表す賃金率 w を一定としますと，労働時間が長ければ所得も多くなります。所得は家計にとってプラスの効用をもたらします。一方，余暇も家計にとってはプラスの効用をもたらすと考えられます。

ただし，所得と余暇は代替関係にあることに注意する必要があります。つまり，所得を多く得るためには余暇時間は少なくなりますし，逆に多くの余暇を得ようとすれば労働時間が減りますので，所得は少なくなります。

さらに，1日のうちで，たとえば睡眠時間を8時間とすれば，労働と余暇に使えるのは16時間ということになります。それゆえ，労働時間を L 時間とすれば，余暇時間 h は $h=16-L$ と表すことができます。したがって，労働から得られる所得 M（wL）と余暇 $16-L$ の両方から得られる効用を U としますと，

$$U = u(M,\ 16-L)$$

と表すことができます。これが**所得と余暇の効用関数**です。この効用関数をもとにして同一の効用水準を示す所得と余暇の組み合わせを表す無差別曲線を描くことができます。

所得と余暇の無差別曲線　図9-1において，縦軸に所得，横軸に余暇時間をとりますと，そこに所得と余暇の組み合わせから得られる効用水準が同一である無差別曲線 U_0 を引くことができます。なお，横軸は全体として労働と余暇に利用できる時間が16時間であることを示しており，右端の16時間から左に向かって労働時間が測られています。残りは余暇時間になりますので，図9-1の U_0 曲線の A 点では，労働時間は L_0 であり，余暇は h_0 となります。

無差別曲線の性質　この所得と余暇の選択を示す無差別曲線も消費者選択の理論でみたのと同様な性質をもっています。

図9-1 所得と余暇の無差別曲線

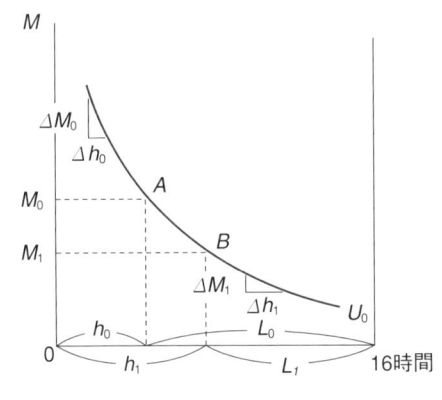

① 縦軸は所得Mであり，横軸には労働と余暇に使える時間（16時間）がとってあります。
② 労働時間は，横軸の右から左に向かって測られています。よって，労働時間がL_0時間なら，余暇は$h_0 = 16 - L_0$となります。
③ U_0は所得と余暇がもたらす効用の同一水準を表す無差別曲線です。
④ 無差別曲線は右下がりで，原点に対して凸形をしています。

右下がり：図9-1に示されるように，余暇時間がh_0からh_1に増加しますと，労働時間がL_0からL_1に減少し，それによって所得がM_0からM_1に減少しますので無差別曲線は右下がりとなります。これは，一定の効用を保つためには，余暇が増えると，それによる効用増加を相殺するように所得が減らなければならないからです。

原点に対して凸形：無差別曲線は原点に対して凸形をしています。これは，たとえば労働時間が長く余暇が少ないときには，余暇が貴重となるために，余暇をΔh_0減らすだけでも，余暇を犠牲にするための代償としての所得ΔM_0は大きくなりますが，一方，余暇が多くて労働時間が少ない場合には，賃金が安くても働きたいと思うので，わずかな所得ΔM_1でより多くの余暇Δh_1を犠牲にできるからです。

原点から遠いほど高い効用を示す：次に，もし同じ時間働いてもより高い所得を得ることができれば，効用はさらに高まることになります。その場合には，図9-2に示されるように効用水準はもとの無差別曲線U_0より高い効用水準を示すU_1へと移ることになります。ゆえに，無差別曲線は原点から遠いほどより高い効用を表すことになります。

図9-2 原点から遠い無差別曲線ほど高い効用を示す

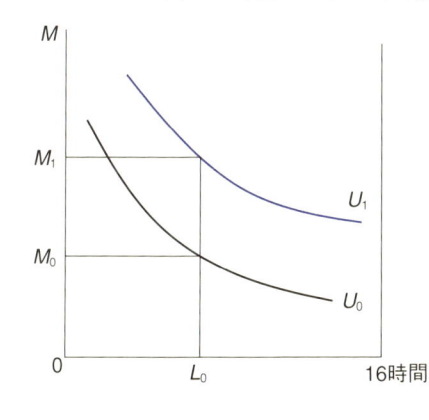

① 労働時間L_0は同じでも所得がM_0からM_1に増加すると効用は高くなります。
② その場合，効用水準はU_0からU_1へと移ることになります。
③ ゆえに，無差別曲線は原点から遠いほど高い効用を示すことになります。

所 得 制 約 線

家計としては原点からより遠い無差別曲線を選択すれば，所得と余暇の組み合せから得られる効用をより多くすることができます。しかし，短期的には賃金の高さは一定ですので，賃金率が与えられますと，選択できる無差別曲線はその所得の範囲に制約されることになります。そこで，次には一定のwのもとでの所得水準を図に示すことにします。

賃金率を$w=w_0$として一定とすれば，所得は$M=w_0L$で与えられます。これを図示しますと図9-3のようになります。すなわち，横軸右端は労働時間Lがゼロですから$M=w_0L=0$です。労働時間がL_1，L_2と増加しますとそれにw_0を掛けた高さが所得となりますので，$M_1=w_0L_1$，$M_2=w_0L_2$となります。wを一定とすれば所得線はw_0の傾きをもつ直線となります。

賃金率がw_0からw_1へと高くなれば，同じ労働時間でも所得はM_3およびM_4へと増加しますから所得線の傾きはより急となります。

図9-3 所得線とシフト

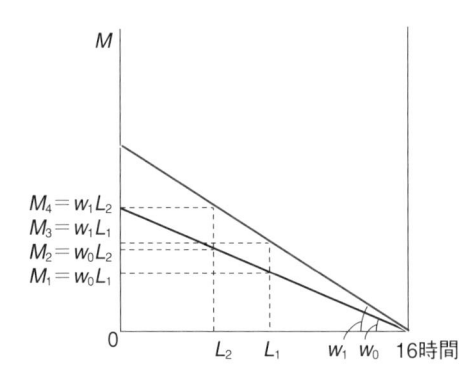

① 賃金率 w を一定（w_0）とすれば、右端では L＝ゼロなので所得はゼロになります。
② 労働時間が増加するにしたがって所得は増加していきますので，所得線は右上がりとなります。
③ w を一定とすれば，所得線は右上がりの直線となります。w が w_0 から w_1 へと上昇すると所得線も上方へシフトします。

労働供給量の決定

先に求めた無差別曲線と所得線を用いて，効用最大化をもたらす所得と余暇の選択を考えることができます。

効用最大化と労働供給量の決定　賃金率 w_0 が与えられるとき，効用を最大にする家計による所得と余暇の最適な組み合せは，図9-4に示されるように，無差別曲線 U_0 と所得線 AB が接する E_0 点に対応して所得 M_0 と余暇 $h_0 = 16 - L_0$ に決まります。したがって，この E_0 点に対応して，労働供給量は L_0 に決定されることになります。

賃金上昇と労働供給量の変化　次に，賃金率 w が上昇した場合の労働供給量の変化を考えることにします。図9-3でみましたように w の上昇は所得線を上方にシフトさせます。家計が効用最大化行動をとるとすれば，所得と余暇の組み合わせの点は図9-5のように E，F，G へと変化していきます。

　無差別曲線と所得線の接点の軌跡を結んでいきますと，労働供給量の変化を捉えることができます。図9-5のように接点の軌跡が最初左上がりで，途中から右上がりになるとしますと，w の上昇とともに最初労働供給量は増加していきますが，ある点以降は逆に減少していくことになります。

図9-4　効用最大化と労働供給量の決定

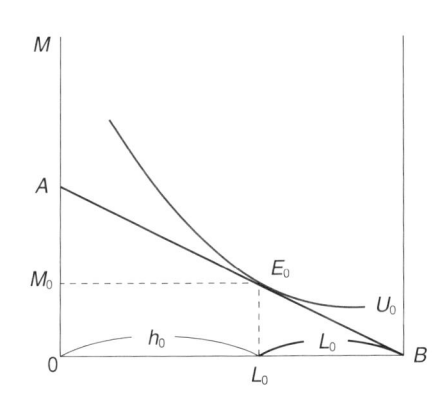

① 賃金率w_0が与えられると，所得線ABと無差別曲線U_0が接するE_0点で効用最大化が実現されます。
② E_0点で最適な労働供給量がL_0に決定されます。
　この時の余暇時間は$h_0=16-L_0$となります。

図9-5　賃金上昇と労働供給

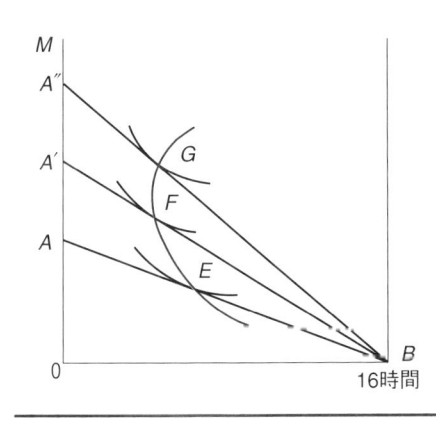

① 賃金率が上昇しますと，所得線はABから$A'B$，$A''B$へとシフトします。
② 無差別曲線との接点もE，F，Gと変化してきます。
③ 接点の軌跡が左上がりから右上がりに変化していきますと，wの上昇により，最初労働供給量は増加し，途中から減少していくことになります。

　ただし，図9-5はあくまでも1つの例であり，wの上昇とともに労働供給量がどのように変化するかを一義的に決めることはできません。wの上昇が労働供給量に与える効果は代替効果と所得効果に分けて考えることができます。

代替効果と所得効果

労働供給量が増えるか減るかは，w の上昇の効果を代替効果と所得効果に分けることによって分析することができます。

賃金上昇の代替効果　w が高いときには，余暇を増やして労働時間を短くしますと，失う所得，つまり機会費用がそれだけ大きくなります。それゆえ，人々は余暇を減らしてでも働こうとしますので，w の上昇は労働時間を増加させるように作用すると考えられます。これは労働と余暇の相対価格の変化により，同じ所得の中で余暇から労働への乗り換えが生じ，労働時間が増加するということです。これが**賃金上昇の代替効果**です。

賃金上昇の所得効果　一方，w の上昇は所得を増加させますので，所得増加により人々はそれ以上労働するよりも余暇を楽しむ方を選択すると考えられます。この場合には，w の上昇は労働時間を減少させる効果をもちます。これが**賃金上昇の所得効果**です。このことは，余暇が上級財であることを意味しています。

このように，w が上昇しますと，代替効果によって労働供給量は増加しますが，所得効果は労働供給量を減少させる方向に作用します。それゆえ，労働供給量が増えるか減るかは両者の大きさに依存することがわかります。

代替効果と所得効果　以上のことは図によって示すことができます。図9-6において，当初 P 点にあった無差別曲線の接点が w の w_0 から w_1 への上昇により R 点に移ります。その結果，労働時間は L_0 から L_1 まで増加しますが，その中をみてみますと，代替効果（$P \to Q$）による労働時間の増加（$L_0 \to L_2$）と，所得効果（$Q \to R$）による労働時間の減少（$L_2 \to L_1$）の合計によって，全体として労働時間は L_0 から L_1 まで増加することになります。

この図において，CD 線は所得不変のもとで，w 上昇による労働と余暇の相対価格の変化を表すものです。相対価格の変化により同一無差別曲線 U_0 上で

図9-6 代替効果と所得効果

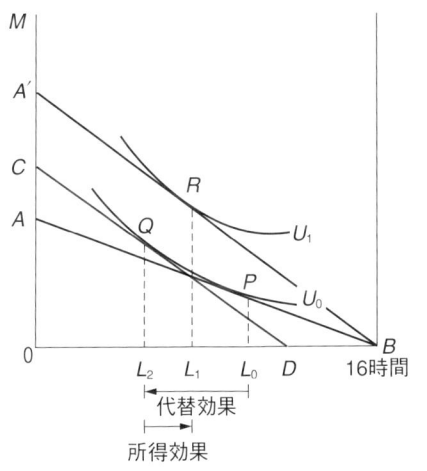

① wの上昇により，所得線はABから$A'B$へとシフトします。その結果，無差別曲線との接点はPからRへと変化しますので労働供給量はL_0からL_1へと増加します。

② U_0に接する$A'B$と同じ傾きのCD線を書き入れることにより，PからRへの動きを，代替効果（$P→Q$）と所得効果（$Q→R$）に分けて考えることができます。

PからQへと余暇から労働への乗り換えが生じ，労働時間がL_0からL_2へと増加します。代替効果による労働供給量の増加です。

QからRへの変化は，所得線のCDから$A'B$へのシフトによってもたらされますので，w一定のもとで所得増加が労働供給と余暇に与える効果を表しています。所得効果による労働供給量の減少がこれです。この２つの効果を合計したPからRへの変化が全部効果を表します。この例では，代替効果が所得効果を上回りますので，全部効果はプラスとなり，労働供給量は増加することになります。

10 消費理論の応用 2 ——貯蓄の決定——

消費の異時点間配分

これまで消費者行動の分析では,現在(今期)の所得を使って消費する場合,効用が最大になるためにはそれぞれの財をどれだけ需要すればよいかという問題をみてきました。しかし,現実においては,消費者は現在だけでなく,将来のことも考えて今期の消費を決定すると考えることができます。

つまり,今期の所得を今期にすべて消費してしまうのではなく,貯蓄しておいて将来の消費に使う場合があります。これは,人々が今期の所得のうち消費の一部を貯蓄という形で将来に繰り延べて,来期以降に消費することによって全体として効用を高めることができるということを意味しています。

このように消費を将来に繰り延べることを**消費の異時点間配分**といいますが,同時にこれは所得のうちどれだけを貯蓄するかという貯蓄決定の問題と考えることができます。この家計の消費・貯蓄決定の問題も無差別曲線と予算線を用いて分析することができます。

異時点間消費の無差別曲線

2期間モデル　　いま,ある家計について,今期の所得を Y_1,来期の所得を Y_2 とし,当初給与所得以外に収入の源泉はないものとします。なお,来期以後については複数の期間を考えることができますが,ここでは単純化のために期間は今期と来期の2期間だけとします。したがって,家計はある時点でこの連続する2期間の最適消費計画を立てるものとします。これを**2期間モデル**といいます。

図10-1　異時点間消費の無差別曲線

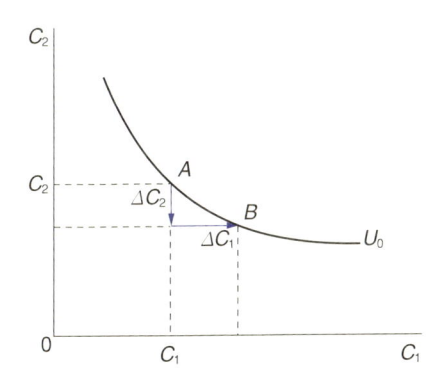

① U_0は今期の消費C_1と来期の消費C_2がもたらす効用が同一であるC_1とC_2の組み合わせを表す異時点間消費の無差別曲線です。
② C_1をΔC_1だけ増やすとき、A点とB点が同一の効用を保つためにはC_2をΔC_2だけ減らさなければなりません。ゆえに、無差別曲線は右下がりになります。

異時点間消費の無差別曲線　以上のような仮定のもとで、今期の消費C_1と来期の消費C_2に関する家計の選好状態を**異時点間消費の無差別曲線**で表すことができます。横軸に今期の消費C_1をとり、縦軸に来期の消費C_2をとった図10-1において、無差別曲線U_0上の2点A, Bは同一効用をもたらす異時点間消費の組み合わせを示しています。ここで、A点からみて、現在消費C_1をΔC_1だけ増やすとき、A点とB点が同一効用を保つためには将来消費C_2を、たとえばΔC_2だけ減らさなければなりません。ゆえに無差別曲線は右下がりとなります。

このとき、現在消費の変化分ΔC_1と将来消費の変化分ΔC_2との比、$\frac{\Delta C_2}{\Delta C_1}$は**異時点間消費の限界代替率（$MRS$）**と呼ばれます。この限界代替率は、現在消費の水準が高まるほど現在消費の限界効用が逓減し、逆に将来消費の限界効用が逓増するために、次第に低下する傾向を示すと考えられます。つまり、ここには限界代替率逓減の法則が働くということになります。ゆえに、無差別曲線は原点に対して凸形になります。この考え方自体は、通常の無差別曲線と同じです。

この限界代替率から1を差し引いた値（$MRS-1$）を**時間選好率**といいます。これは、将来に比して現在という時間をどの程度選好しているかを示す指

図10-2 最適消費・貯蓄配分

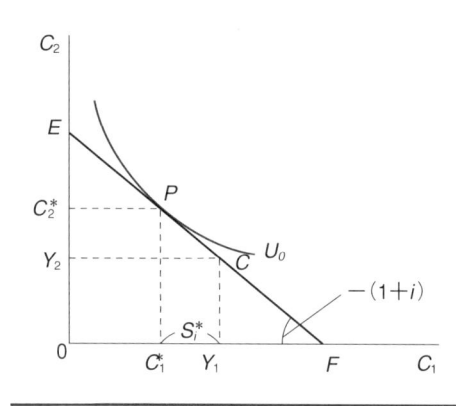

① 直線EFは2期間における消費支出の可能性を表す予算線です。
② 縦軸切片E点は来期の最大消費の大きさを示し、F点は今期可能な最大消費を示します。
③ 無差別曲線U_0と予算線EFの接点Pで最大の効用をもたらすC_1^*とC_2^*の組み合わせを選択することができます。
④ 結果として、$S_1^* = Y_1 - C_1^*$の大きさの最適貯蓄を決定することができます。

標と考えられます。もし、現在も将来もまったく同等であると考える家計があるとすれば、限界代替率$\frac{\Delta C_2}{\Delta C_1}$は1と考えられますから、その場合、時間選好率はゼロとなります。

予算制約条件

次に、この家計が今期および来期においてどれだけ消費することができるかという、家計の消費支出の可能性を表す予算制約線を導くことにします。この場合、家計は市場利子率iを支払うことによって、来期の所得を前借りできるものとします。したがって、今期可能な最大消費は、今期の所得Y_1と来期の所得Y_2の割引現在値$\frac{Y_2}{1+i}$の合計となります。それゆえ、図10-2に示される予算制約線の横軸切片(F点)は、$Y_1 + \left(\frac{Y_2}{1+i}\right)$となります。

一方、来期に最大可能な消費は、来期所得Y_2と今期所得の繰り延べ分$Y_1(1+i)$の合計となります。ゆえに、来期の最大消費を示すE点は、$Y_1(1+i) + Y_2$となります。この2点を結ぶ直線EFが予算制約線となります。

この予算制約線EFは次のように示すことができます。

$$C_1 + \frac{C_2}{1+i} = M \quad \cdots\cdots ①$$

この式が予算制約式です。ここで，$M = Y_1 + \dfrac{Y_2}{(1+i)}$ であり，したがって，①式は i を割引率として，2期間の消費の現在割引価値が2期間の所得の現在割引価値に等しくなければならないことを示しています。なお，①式を C_2 について解けば，$C_2 = -(1+i)C_1 + (1+i)M$ となり，直線 EF の方程式を示すことになりますので，予算線 EF は $(1+i)M$ の切片と $-(1+i)$ の傾きをもつ直線であることがわかります。

なお，図10-2において予算線 EF が $C(Y_1, Y_2)$ を通ることも明らかです。言うまでもなく，Y_1 は今期の所得の大きさですし，Y_2 は来期の所得の大きさです。そこで，C 点は今期の所得 Y_1 でちょうど今期の消費 C_1 を，来期の所得 Y_2 でちょうど来期の消費 C_2 をまかなうために，両期の貯蓄がともにゼロであるような消費パターンを示す点です。異時点間消費の無差別曲線がたまたま C 点で接する家計はそのような消費パターンを選ぶことになります。

最適貯蓄の決定

これまでの説明で，無差別曲線と予算制約線を手に入れることができましたので，これらを用いて今期の消費 C_1 と来期の消費 C_2 の可能な組み合わせのなかから，最も高い満足（効用）を得られる組み合わせの選択を考えることができます。

それは，図10-2に示されるように，予算制約線 EF と無差別曲線 U_0 の接点 P における組み合わせ (C_1^*, C_2^*) によって実現されます。なぜなら，P 点を選択することによって予算制約の枠内で原点から最も遠い無差別曲線に到達することが可能となるからです。この場合，最適な貯蓄は $S_1^* = Y_1 - C_1^*$ で与えられることになります。これが家計にとっての最適消費・貯蓄の配分の決定です。

ここで，図10-2に示されるように，**最適消費・貯蓄ポジション**が P 点に決まった場合には，この家計は今期所得 Y_1 の中から C_1^* だけ消費を行い，$Y_1 - C_1^* = S_1^*$ の貯蓄を行うことになります。この貯蓄は来期の消費に充当することになります。このような家計は**黒字家計**と呼ばれます。

図10-3 利子率上昇の効果

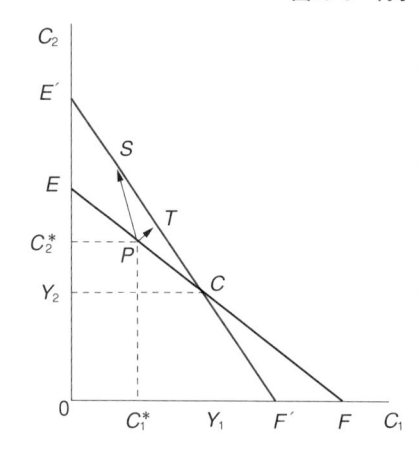

① 利子率の上昇は予算線の傾きをより大きくしますので、EF から $E'F'$ に変化することになります。
② 新たな予算線と無差別曲線が S と T のどちらかの方向で接するかは、利子率の上昇の代替効果と所得効果の大きさに依存します。
③ 今期の消費は代替効果によって減少し、所得効果によって増加しますので、2つの大きさいかんで S か T の方向へ動きます。それに応じて貯蓄も変化することになります。

利子率変化の効果

次に、利子率が変化した場合、それが異時点の消費の配分にどのように影響するかをみていきます。

たとえば、利子率が i から i_1 へと上昇した場合を考えてみます。利子率の上昇は、予算線の傾き $(1+i)$ の大きさを変えますので、図10-3に示されるように予算線を当初の EF から $E'F'$ へと変化させることになります。

ここで、新たな予算線の座標軸は、E' 点では $Y_1(1+i_1)+Y_2$ であり、F' 点では $Y_1+\left(\dfrac{Y_2}{1+i_1}\right)$ となります。$E'F'$ 線の傾きは $(1+i_1)$ となり、以前よりも急となります。ただし、所得は変化していないので、$E'F'$ 線はやはり C 点を通ることになります。

図10-3に示されるように、予算線が $E'F'$ にシフトすると、最適消費・貯蓄ポジションは P 点から S 点か T 点のような点に移行すると考えられます。S 点の場合には、現在消費が当初の C_1^* より減少しますが、T 点の場合には増加することになります。

それが S 点に向かうか、T 点に向かうかは利子率上昇の所得効果と代替効果の大きさいかんにかかっています。まず、利子率が上昇しますと、正の貯蓄

をしている家計の利子所得が増加するという所得効果を生じます。これは黒字家計にとっては今期の消費と将来消費の両方を拡大するように作用すると考えられます。この場合には貯蓄は減少することになります。一方，利子率上昇は今期の消費を将来に延期することにより収益を高めることになるので，今期の消費を抑制し，来期の消費を拡大させるという意味で代替効果をもちます。この場合には，今期の消費の減少により，貯蓄は増加することになります。

そこで，所得効果によっても，代替効果によっても来期の消費は当初の $C_2{}^*$ を超えて拡大しますが，今期の消費は2つの可能性をもちます。それゆえ，P 点から T 点に移行し，今期の消費が増大するのは，利子率上昇による所得効果が代替効果を上回る場合であるということができます。

以上のように，今期の消費については，利子率変化の代替効果と所得効果は逆方向に作用することになります。したがって，貯蓄が増えるか減るかは，この2つの効果の大きさに依存することになります。つまり，2つの効果のうち，代替効果の方が大きければ貯蓄は増加し，所得効果の方が大きければ貯蓄は減少するということになります。

第 3 部　生産者行動理論

11　生産関数

企業と生産活動

生産活動の分析　すでに図1-1 (p.5) の経済循環図で示しましたように，企業は家計から各種の生産要素を購入して生産活動を行います。したがって，市場経済における企業の活動は，生産要素市場における需要者としての活動と，生産物市場における供給者としての活動の2つの面をもつことになります。このうち，ここでは，生産物の供給の問題が分析の対象となります。

　企業は各種の生産要素を投入して生産物を生産しますが，現実の企業をみますと，企業は資本を提供する資本家，労働を提供する労働者，そしてそれらを管理・運営する経営者からなる1つの組織体であり，複雑な内部組織のもとで，生産から販売まで種々の活動を行っています。しかし，ここでは企業の内部組織の問題には立ち入らず，生産要素の投入と生産物の産出という生産活動のみに焦点を当てて企業活動を分析していきます。

企業の目的　企業は，生産活動を通して利潤を得ることを目的としていると考えることができます。生産の中には，財の生産のみならず，運送や理髪，教育などのサービスの提供も含まれます。生産活動が始まりますと，当然，原材料費，その他の費用が発生します。**企業家**は，生産物を販売し，売上収入の中から生産に要した費用を支払い，残った分としての利潤を獲得するために生産活動を営んでいます。その場合，企業の究極の目的は，利潤の最大化にあります。その意味で，企業も消費者と同様に合理的に行動すると想定されます。

短期と長期　企業の生産活動を分析する場合に重要な問題の1つは,「短期」と「長期」の区別です。企業は生産するために種々の生産要素を投入しますが,その中には労働や原材料のように生産量に応じて投入量を調整できるものと,工場,機械設備のように短い期間には変更できないものがあります。前者を**可変的生産要素**,後者を**固定的生産要素**といいます。

　このことは,私たちが日常利用する機会の多いラーメン店やハンバーガー・ショップを例にとるとよくわかります。街のラーメン屋さんを例にとってみましょう。たとえば,20人前後のお客さんが入ることのできる一般的なラーメン店で,味が評判となり顧客が増えた場合を考えてみます。まず店の主人はメンをはじめとして肉,野菜といった材料を増やすことによって顧客の増大に対応するでしょう。人手も必要になりますのでパートを増やすことも考えねばなりません。人を雇う場合には多少時間がかかりますが,これらの生産要素は比較的短い時間で変更ができます。

　ただし,繁盛したからといって店を拡張したり,支店を出すということになると数か月から数年かかると考えねばなりません。このために,ある期間内では建物や調理設備は変えることができません。この場合,材料や労働は可変的生産要素ですが,お店の建物や設備は固定的生産要素となります。

　このように,企業が生産のために投入する生産要素のうち,ある期間内では変えることのできない固定的要素が存在します。こうした期間を**短期**といいます。一方,相当長い時間を考えれば,需要の変化に応じて建物や設備の大きさも変化していくことが可能です。その場合にはこれらも可変的要素となります。このように,すべての生産要素が可変的となる場合を**長期**といいます。

　この短期と長期は企業の意思決定にもとづく区別であり,何か月までを短期,何年以上を長期というようにあらかじめ決めることはできません。また,どの程度が短期で,どの程度が長期であるかは個別企業によっても,また各産業によっても異なります。ただ,一般的には,比較的規模も小さく,しかもその資本財の中古市場が発達しているような産業では,設備の増減が短期間で可能になりますので,設備を一定とする短期はごく短いものになります。これに

対し，自動車の生産ラインのように大規模で耐用年数も長く，しかも中古市場がないような場合には，かなりの間，設備の大きさが変わりませんので短期は相当長いと考えられます。

ここでは，当面短期を前提として，生産要素の投入と生産量の関係をみていきます。

生 産 関 数

生産関数　短期を前提とする場合，可変的生産要素の投入と，そこから生み出される生産物の関係は生産関数という概念を使って説明することができます。

いま，生産技術を与えられたものとし，企業は最も効率的な生産方法を採用すると仮定しますと，生産要素の投入量と生産物の間には一定の技術的関係を見出すことができます。これを**生産関数**といいます。すなわち，生産関数とは，技術一定のもとで生産量を生産要素の投入量の関数とするものです。

単純化して労働（L）と資本（K）の2種類の生産要素を投入して生産物 x を生産すると仮定しますと，投入量と生産量の関係は生産関数を用いて次のように表現することができます。

$$x = f(L, K) \quad \cdots\cdots ①$$

生産関数は企業の効率的生産を前提としているので，これは，L と K を投入して実現可能な最大生産量が x であることを意味しています。ここで資本 K の投入量を一定 $\overline{K}$ としますと，①式は，

$$x = f(L, \overline{K}) \quad \cdots\cdots ②$$

と表すことができます。この②式は労働投入量 L と生産量 x の関係を表す生産関数となります。

11 生産関数

表11-1 ハンバーガー・ショップの投入と生産

従業員 (L)	ハンバーガー生産量 (x)
1	20
2	70
3	130
4	180
5	220
6	250
7	250
8	220

総生産物曲線　短期の生産関数の内容は，具体的な事例を用いることによって理解することができます。ハンバーガーのお店を例にとって考えてみましょう。いま，あるハンバーガー・ショップにおける労働投入量とハンバーガーの生産量の関係をみてみます。ここでは，調理用の設備や飲み物を供給する機械設備は一定と仮定されます。

　1日8時間労働を1単位として，労働投入量の増加とハンバーガーの生産量の関係が表11-1のようであるとします。この表では，従業員が1人の場合には，ハンバーガーは1日20個しかつくれませんが，2人になると70個つくれることになります。3人になると130個になります。ここでは，労働量が少ないうちは従業員を1人余分に追加すると生産量はかなり急激に増加することがわかります。これは固定資本量が労働者の数に比べて大きいからであり，大型の機械のまわりを小走りに走る2～3人の従業員の姿を想像することができます。

　さらに，もう数人従業員を追加すれば，あちこち移動する際の時間の無駄をより少なくできると考えられます。また，持ち場の専門化が一層進めば，そのことが効率性を増大させ，生産量を増加させることになります。

　しかし，この傾向もずっとつづくわけではありません。雇われる従業員が増加するにつれて生産量の増加は緩慢になると考えられます。これは従業員の増

11 生産関数

図11-1　総生産物曲線

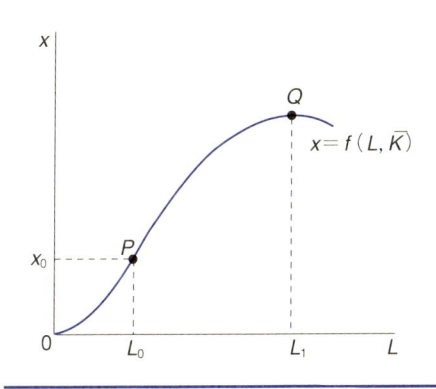

① ハンバーガー・ショップの従業員が少ないうちは，従業員が増えると効率性が増すので生産量は比例以上に増加します。
② ある限度を超えると，従業員が相対的に過剰になりますので，能率が低下し，生産量の伸びも小さくなっていきます。
③ 従業員L_1のところで生産量は最大になり，それ以後は減少することになります。

加につれて，効率性を高めることによる生産増加の機会が逓減するからです。従業員が増加していきますと，あるところで生産量は最大となり，それ以上の従業員の追加は生産量を減らすことになると考えられます。従業員が多くなりすぎれば，互いがじゃまになり能率は低下してしまいます。

　この関係を図にすると図11-1のようになります。これは他の投入量を固定したときのある生産要素と総生産の間の関係を表すもので**総生産物曲線**といいます。図に示されるように，総生産物は原点からある点（P点）までは逓増的に増加し，PからQまでは逓減的に増加しています。これがなぜ生じるかというと，ハンバーガーの例で述べましたように一定の生産設備の下で労働者の投入量が多くなると，当初のうちは分業と協業の利益により仕事の能率が高まります。そのため，**大量生産の経済**により労働投入量の比例以上に生産量が増大することになります。しかし，ある点を超えると相対的に労働量が過剰になり，分業による利益も低下し仕事の能率が低下するからです。もちろん，現実には従業員が多すぎて生産量が減少することになるほど人を雇うことはありませんので，図11-1の労働量がL_1を超えて，総生産物曲線が右下がりになる領域が現実化することはありません。

12　限界生産物と平均生産物

限界生産物

総生産物曲線の形状にみられる労働投入量の変化と生産量の変化の間の関係は限界生産物と平均生産物という概念を用いて説明することができます。

限界生産物とは，他の投入量を一定として，ある要素投入量（ここでは労働投入量 L）を1単位増加したときにもたらされる生産量の増加分のことです。労働投入量の場合には，それを**労働の限界生産物**（MP_L : Marginal Product of Labour）といいます。労働の増加分を ΔL，生産量の増加分を Δx としますと労働の限界生産物（MP_L）は次のように表されます。

$$MP_L = \frac{\Delta x}{\Delta L} \qquad \cdots\cdots ①$$

収穫逓増　　表12-1には，前章で示しましたハンバーガー・ショップの労働投入量と生産量の関係に加えて，労働の限界生産物と平均生産物の大きさが示されています。ここでは労働投入量を示す従業員数は1人づつ増えています（$\Delta L = 1$）ので，限界生産物 $\frac{\Delta x}{\Delta L}$ は，生産量の増加分によって表されることになります。

表から労働の限界生産物の変化をみてみますと，労働投入量が2人から限界的にもう1人増えるまでは，労働投入量が増えるにつれて逓増的に大きくなっているのがわかります。これを，**労働の限界生産物逓増**，あるいは**収穫逓増**といいます。

労働の限界生産物が逓増するのは，分業の利益によるところが大きいと考えられます。当初は，労働者の数が増えるにつれて，各作業の工程を分割して各

労働者を特定の部門に特化させることが可能となります。その結果，1人の労働者がいろいろな工程を1人で受けもつ場合に比べて時間を節約することができ，さらに，その仕事に熟練することができるようになります。これによって労働の限界生産物を増大させるようになります。

収穫逓減　短期の場合には，限界生産物は逓増しつづけるわけではありません。表からもわかりますように，3人以上になりますと，労働投入量が1人づつ増加するにしたがって限界生産物の値は小さくなっていきます。これを**労働の限界生産物逓減**，あるいは**収穫逓減**といいます。

　労働の限界生産物を逓減させる基本的な理由は労働以外の生産要素が固定されているということです。たとえば，前章でハンバーガー・ショップの例を用いて説明しましたように，調理機械が1台しかなければ各々の店員が注文を受けても誰かが使い終わるまで，ほかの人は待っていなければなりません。また，もし機械を増やすことができるとしても，調理場自体を広げることができないかぎり従業員が増えるにしたがって手狭になりますので，お互いに自由な移動を妨げあうことになり能率を低下させることになります。いずれにしても，固定的生産要素が存在する短期においては，労働の限界生産物は逓減していくことになります。

平均生産物

労働の平均生産物（AP_L : Average Product of Labour）は，総生産物を労働投入量で割ったものであり，労働者1人当たりの生産量の大きさのことです。この値は次のように表すことができます。

$$AP_L = \frac{x}{L}$$

　表12-1の第4列にハンバーガー・ショップの労働の平均生産物の大きさが示されています。この表でみますと，従業員の平均生産物の大きさは4人雇用したときに最も大きくなり，その後はしだいに小さくなっていくのがわかりま

表12-1 労働の限界生産物と平均生産物

従業員数 (L)	ハンバーガー生産量 (x)	労働の限界生産物 (MP_L)	労働の平均生産物 (AP_L)
1	20	—	20
2	70	50	35
3	130	60	43.3
4	180	50	45
5	220	40	44
6	250	30	41.7
7	250	0	35.8
8	220	−30	27.5

す。

　ここで，労働の限界生産物と平均生産物の関係をみてみますと，労働の平均生産物は，限界生産物が平均生産物より大きいかぎり増大し，限界生産物が平均生産物より小さくなると減少していきます。

　この両者の関係は，日常的な例を用いて考えるとよりわかりやすいと思われます。たとえば，おフロのお湯の温度を例にとってみましょう。お湯の平均の温度（つまり，平均生産物）が40度として，ここに平均より高い60度のお湯（つまり，限界生産物）を加えると，お湯の平均温度（平均生産物）は上昇します。同様にお湯に冷たい水を加えると，平均温度は低下します。限界生産物と平均生産物の関係は，まさにこれと同じ現象であると考えることができます。次節では，図を用いて両者の内容をより詳しくみていきます。

平均生産物曲線と限界生産物曲線

労働の平均生産物曲線　　まず，図11-1 (p.77) で示した総生産物曲線をもとにして労働の平均生産物曲線と限界生産物曲線を導くことにしましょう。まず，平均生産物は，それぞれの水準の生産量を労働量で割ったものですから，図12-1に示されるように原点から総生産物曲線までの直線の傾きを測ることによって測定できます。

図12-1 総生産物曲線と平均生産物の変化

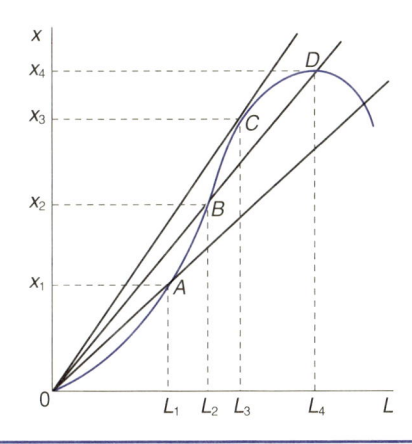

① 労働の平均生産物は，原点から総生産物曲線までの直線の傾きで測定できます。

② L_3までは平均生産物は増加し，L_3で最大となります。すなわち，L_3に対応するC点で傾きが最大となります。

③ L_3を超えると，平均生産物は低下していきます。

たとえば，図12-1において労働投入量L_1のときの平均生産物は$\dfrac{x_1}{L_1}$となります。これは図の上では$\dfrac{L_1 A}{0 L_1}$に等しいので，直線OAの傾きに等しくなります。この直線の傾き，つまり労働の平均生産物はL_3まで増大し，L_3で最大になり，その後は労働投入量が増えるにつれて減少していくことがわかります。平均生産物が最大となるL_3のところでは，原点と総生産物曲線上の点とを結んだ直線OCが，総生産物曲線の接線となります。各労働量に応じた直線の傾きである平均生産物の動きを示したものが図12-2の**労働の平均生産物曲線AP_L**です。

労働の限界生産物曲線　**労働の限界生産物**は，労働投入量の増加分ΔLに対する生産量の増加分Δxの割合$\dfrac{\Delta x}{\Delta L}$のことですから，$\Delta L$を限りなくゼロに近づけますと，総生産物曲線上の接線の傾きに等しくなります。たとえば，図12-3に示されるように労働投入量L_3における限界生産物はC点の接線の傾きによって表されます。

したがって，図12-3における総生産物曲線上のA, B, C, Dの各点の接線の傾きは，各々の雇用水準の労働の限界生産物を表します。この図からわかりますように，0からL_2の間では総生産物曲線が下に凸の形状をしていますの

図12-2 労働の平均生産物曲線と限界生産物曲線

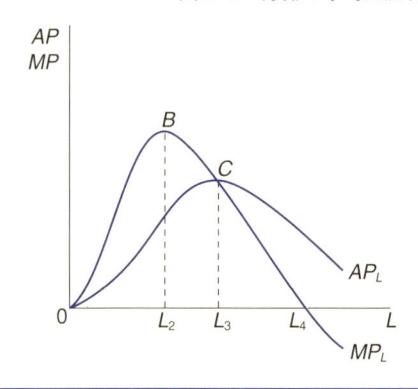

① L_2で労働の限界生産物は最大となります。その後低下し，L_4でゼロとなり，L_4を超えると負となります。
② 労働の平均生産物はL_3のところで最大となりますが，そこでは限界生産物と等しくなります。

図12-3 総生産物曲線と労働の限界生産物

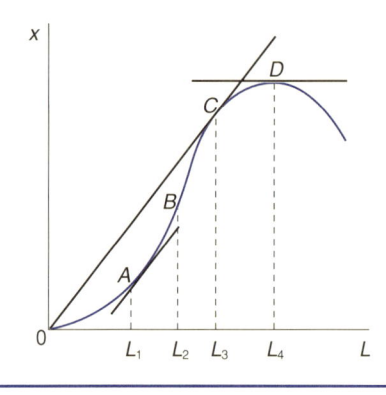

① 労働の限界生産物は総生産物曲線の接線の傾きに等しくなります。
② A, B, C, Dの各点の接線の傾きは，各雇用水準の限界生産物を表します。
③ 変曲点のB点で限界生産物は最大になります。
④ L_4で傾きがゼロになるので限界生産物はゼロであり生産量は最大となります。

で，接線の傾きは連続的に急になります。これは限界生産物の大きさが逓増している収穫逓増の領域です。L_2のところで総生産物曲線は変曲点（B点）をもち，それ以後は上に凸の形となります。このB点で労働の限界生産物は最大となり，それ以後は低下していきます。雇用水準L_3に対応する接線C点では平均生産物を示す直線OCの傾きとC点の接線の傾きが同じなので，限界生産物と平均生産物は等しくなります。

　L_4で接線の傾きがゼロとなります。ここでは労働の限界生産物がゼロであり，生産物の大きさは最大となります。L_4を超えると限界生産物は負となりま

す。この**労働の限界生産物曲線**の変化は図12-2に示されるとおりです。

　平均生産物のところで説明しましたように，図12-2から，労働の平均生産物は，限界生産物が平均生産物よりも大きいかぎり増大し，限界生産物が平均生産物より小さくなると減少するということを確認することができます。

13 短期費用曲線

総費用曲線

これまで，生産関数を用いて生産要素の投入量と生産量の関係をみてきました。この関係は図13-1のような総生産物曲線で表すことができました。この投入と生産の関係から短期の費用曲線を導くことができます。

固定費用 企業が生産を行う場合，費用が必要になります。生産に要する費用全体を**総費用**（TC : Total Cost）といいますが，総費用 TC は固定費用（FC : Fixed Cost）と可変費用（VC : Variable Cost）に分類することができます。

$$TC = FC + VC$$

ここで，**固定費用** FC とは，固定的生産要素の投入にともなって発生する費用であり，生産量の変化にかかわらず生じる一定の費用のことです。

前章で用いたハンバーガー・ショップを例にとって固定費用を具体的に考えてみますと，たとえばお店の賃貸料や光熱費などが固定費にあたります。さらに，建物や設備のための借入資金の利子も固定費になります。また，もし自己資金でお店を開いた場合にも借入利子と同様の費用が固定費としてかかると考えられます。なぜなら，お店の経営者はその自己資金でお店を開かずにそれを金融資産に投資すれば利子が得られたはずですが，ハンバーガー・ショップに投資することによって利子収入を犠牲にしなければならないからです。これは一種の費用と考えることができます。このように，実際には費用として支払いをしていなくても，ほかのものに運用すれば得られたであろう利益を**機会費用**といいます。通常，会計上では実際に支払った金額だけが費用として計上され

図13-1　総生産物曲線

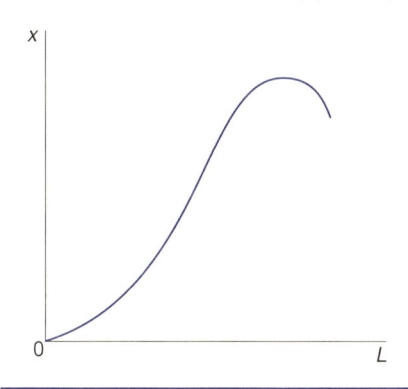

① 労働投入量が少ないうちは，労働の限界生産物逓増を反映して，総生産物曲線は下に凸の形となります。
② ある点を超えると，労働の限界生産物逓減により，曲線は上に凸の曲線となります。

ますが，経済学では機会費用の概念を用いて費用を定義します。

可変費用　　可変費用 VC とは，可変的生産要素投入の増加にともなって生じる費用であり，生産量の変化とともに大きさの変わる費用です。ハンバーガー・ショップの例では，労働投入量のみが可変費用でしたので，可変費用は従業員に支払う賃金であると考えることができます。

総費用曲線　　固定費用と可変費用の合計からなる**総費用** TC は生産量 x の増加に応じて増えていくと考えられますので，両者の関係は次のように表すことができます。

$$TC = C(x)$$

これを**費用関数**といいます。この生産量 x と総費用 TC の関係を表す曲線を**総費用曲線**といいます。この総費用曲線は図13-2のようになります。すなわち，それは右上がりで，ローマ字Sの逆向きの形をしています。

　なお，先の説明からわかりますように，生産量の増加につれて総費用が増えていくのは可変費用の増加のためです。固定費用は一定ですので，総費用の増加には直接関係ありません。

図13-2 総費用曲線 *TC*

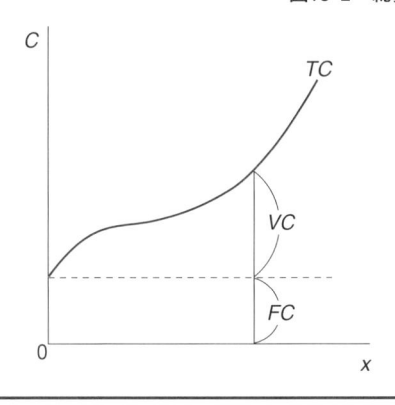

① 総費用曲線のうち，*FC*が固定費用で*VC*が可変費用です。
② 総生産物曲線における労働の限界生産物逓増と逓減を反映して，総費用曲線は，はじめ上に凸となり，途中から下に凸となります。

図13-2において，*FC* は生産量にかかわらず一定である固定費用です。*FC*より上の部分が可変費用 *VC* です。総費用曲線から可変費用の動きをみてみますと，総費用曲線が上に凸の形をしているところでは生産量の増加にともなって逓減的な増え方をしていますが，ある点を超えて総費用曲線が下に凸になりますと逓増的に増えていくことがわかります。これは，図13-1の総生産物曲線における労働の限界生産物逓増と逓減を，生産量と費用の関係に置き換えてみたものであると考えることができます。したがって，総費用曲線の形状は総生産物曲線の形状そのものに依存するといえます。

平均費用曲線

次に，総費用曲線をもとにして，平均費用曲線を導くことができます。まず，総費用 *TC* を生産量 x で割ることによって生産量1単位当たりの費用を表す**平均費用**の値を得ることができます。

$$\frac{TC}{x} = \frac{FC}{x} + \frac{VC}{x}$$

ここから，平均費用を3つに分けて考えることができます。

平均総費用曲線　　総費用 *TC* を生産量 x で割った値が**平均総費用**（***ATC***：

図13-3 平均総費用曲線 ATC

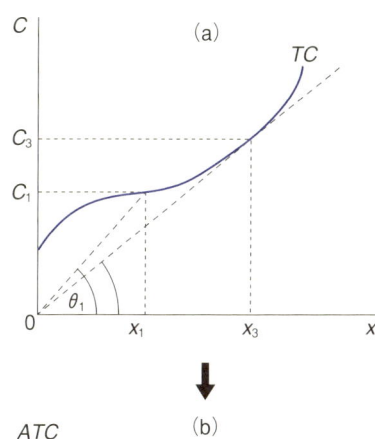

(a)

① ATCは総費用曲線上の各点と原点を結ぶ直線の角度で表されます。
② たとえば、生産量x_1のときには、$ATC = \dfrac{c_1}{x_1}$となります。これは、x_1に対応する総費用曲線上の点と原点を結ぶ直線の角度（$\tan\theta_1$）で表されます。
③ ATCは、はじめは生産の増加につれて低下してきます。
④ 生産x_3で最低になり、それ以降は増加していきます。
⑤ ゆえに、ATC曲線はU字型になります。

(b)

Average Total Cost）です。ATCは$\dfrac{TC}{x}$で表されますので、図13-3(a)に示されるように、総費用曲線上の各点と原点を結ぶ直線の角度（$\tan\theta$）の大きさで表すことができます。たとえば、生産量x_1のときには、$ATC = \dfrac{c_1}{x_1} = \tan\theta_1$となります。図からわかりますように、直線の角度は生産量の増加とともに小さくなり、原点からの直線が総費用曲線と接する生産量x_3のところで最低になります。したがって、ここでATCは最小になります。それ以降は、生産の増大とともに角度も大きくなっていきます。その結果、**平均総費用曲線**は図13-3の(b)のようにU字型の曲線となります。

図13-4　平均固定費用曲線 *AFC*

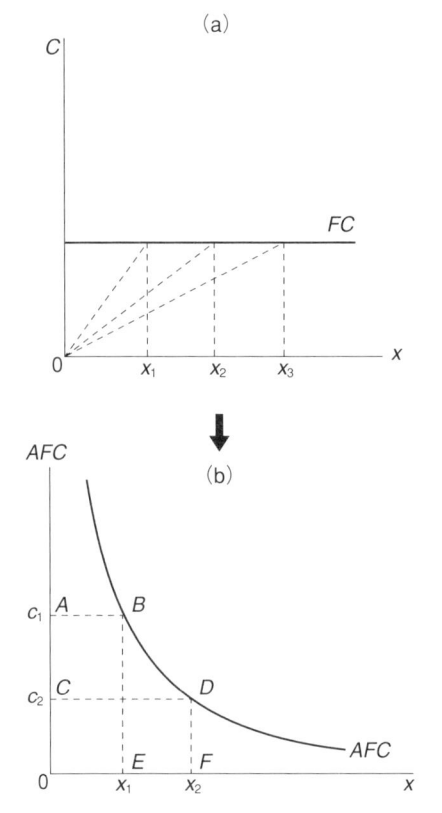

① AFCはFCを生産量xで割ったものです。
② FCは一定と仮定されていますので，(a)からわかりますようにAFCは生産の増加につれて低下していきます。
③ 図(b)では，縦軸に平均固定費用AFCがとってありますので，$c_1 x_1 = c_2 x_2 = FC$となります。
④ したがって，AFC曲線上のどの点の座標の積も一定ですから，AFCは直角双曲線となります。

平均固定費用曲線　　固定費用FCを生産量xで割った値が**平均固定費用**AFCです。平均固定費用は一定のFCを生産量で割った値ですから，生産量の増加とともに減少していきます（図13-4(b)）。**平均固定費用曲線**は図13-4の(b)に示されています。

図13-4の(b)では，たとえば生産量x_1の時の平均固定費用AFCはc_1となります。x_2の時にはAFCはc_2となります。ところで，$AFC = \dfrac{FC}{x}$ですから，$FC = AFC \cdot x$となります。これを図でみてみますと，x_1のときのFCは$c_1 x_1$であり，これは$ABE\,0$の面積で表されます。x_2の場合のFCは$c_2 x_2$ですから，CDF

図13-5 平均可変費用曲線 AVC

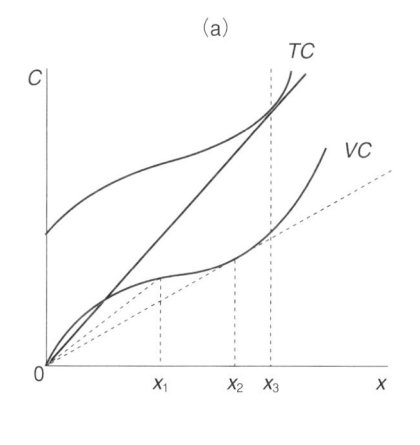

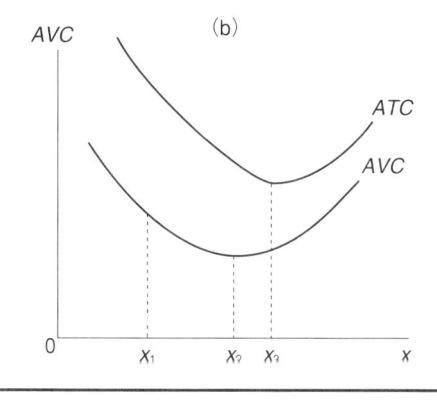

(a)

① AVC は可変費用曲線 VC 上の各点と原点を結ぶ直線の角度で表されます。
② AVC は，はじめ低下していき，生産量 x_2 で最低となります。それ以降は増加していきます。
③ それゆえ，AVC 曲線は図(b)に示されるように U 字型となります。
④ TC と VC より ATC と AVC の最低点の位置をみてみますと，ATC は生産量 x_3 で最低になるのに対して，AVC は x_2 で最低となります。
⑤ それゆえ，ATC は AVC の上に位置し，最低点の位置もずれることになります。
⑥ (b)において，ATC と AVC の垂直差は平均固定費用 AFC の大きさを表しています。

(b)

0の面積となります。固定費 FC 自体は生産量にかかわりなく一定ですから，両方の面積は等しくなります。つまり，この曲線上のどの点の座標の積も一定ということです。こうした曲線を**直角双曲線**と呼びますので，平均固定費用曲線は直角双曲線であるということができます。

平均可変費用曲線 可変費用 VC を生産量 x で割った値が**平均可変費用** AVC です。図13-5(a)には，可変費用の曲線が示されています。図に示されるように，各生産量の平均可変費用 AVC は，可変費用曲線上の各点と原点を結ぶ直線の角度 $(\tan\theta)$ の大きさで表されます。図からわかりますように，直線の角度は生産量の増加とともに小さくなり，原点からの直線が曲線と接する生産量 x_2 のところで最小となります。それ以降は，生産の増大とともに大きくなっていきます。それゆえ，**平均可変費用曲線**は図13-5(b)のように U 字型の曲線となります。なお，先の図13-4の(b)の AFC 曲線と，この AVC 曲線を加算すると図13-3(b)の ATC 曲線が得られます。

　図13-5(a)，(b)に TC 曲線と ATC 曲線を描き入れますと，ATC と AVC の関係がよくわかります。両者のちがいの1つは ATC 曲線が AVC 曲線の上位にくることです。両者の差は平均固定費用 AFC となります。もう1つは，両曲線の最低点の位置がずれているということです。これは，図13-5(a)からすぐに確認することができます。

限界費用曲線

限界費用曲線 **限界費用**（MC : Marginal Cost）は，生産量を1単位増加したときの総費用の増加分の割合のことです。生産量の増加分を Δx，総費用の増加分を ΔTC としますと，限界費用 MC は次のように表せます。

$$MC = \frac{\Delta TC}{\Delta x}$$

生産量の増加分 Δx を限りなくゼロに近づけますと，限界費用は，

$$MC = \frac{d(TC)}{dx}$$

と表すことができます。これは，図13-6(a)の A 点といったように総費用曲線上の1点の傾きによって表されます。

　総費用曲線が上に凸の領域では，x_1 に達するまでは生産量の増加とともに傾きは低下していきます。総費用曲線の形状が上に凸から下に凸に変わる変曲点

図13-6　限界費用曲線 MC

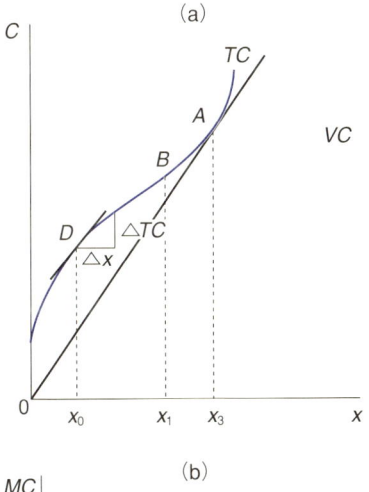

① 限界費用 MC は生産の増加分に対する総費用の増加分の割合のことです。
② 図の上では TC 曲線の接線の傾きの大きさで示すことができます。
③ 変曲点の B 点までは MC は低下していき、B 点以降は上昇していきます。ゆえに MC 曲線は U 字型となります。
④ 図(a)の A 点では限界費用と平均総費用 ATC は等しくなります。しかも、この A 点で ATC は最低になりますので、(b)に示されるように、A' 点で MC と ATC は等しくなります。
⑤ (b)において、A' 点までは MC は ATC より小であり、A' 点を超えると ATC より大になります。
⑥ したがって、MC 曲線は ATC 曲線の最低点を下から上に切る形になります。

(B 点) で傾きは最小となり、x_1 を超えると生産量の増加とともに傾きも大きくなっていきます。それゆえ、**限界費用曲線**は図13-6(b)に示されるように、U 字型の曲線となります。

平均費用と限界費用　　図13-6(b)に平均総費用曲線 ATC を重ねて描きますと、限界費用曲線 MC は、平均総費用曲線 ATC の最低点 A' を通って下から上に ATC を切る形になります。これは、図13-6(a)の総費用曲線 TC において、A 点に達するまでは、TC 曲線の傾きである限界費用が、TC 曲線上の点

と原点を結んでつくる直線の角度（平均総費用）よりも小であり，A 点を過ぎると関係が逆転するためです。A 点では，OA 線が TC 曲線の接線（限界費用）でもあり，同時に平均総費用の最低点でもありますから，MC と ATC は等しくなります。

　このことは，前章でおフロの温度を例にとって説明した限界値と平均値の関係と同じです。すなわち，限界値が平均値より小であれば平均値は低下し，限界値が平均値を上回れば平均値は上昇します。このことは，平均可変費用曲線 AVC と限界費用曲線の関係についても当てはまります。それゆえ，MC 曲線は AVC 曲線に対しても最低点を通って下から上に AVC を切る形になります。

14 最適生産量の決定

総　収　入

企業は利潤の最大化をめざして生産活動を行っていますが，利潤は総収入と総費用の差として定義されます。

これまで生産量と費用の関係をみてきましたので，次には生産量と収入の関係をみることによって利潤最大化の問題を考えていきます。

企業は生産物を市場で販売することによって収入を得ます。その場合，企業は完全競争市場で活動すると仮定されています。後の章で詳しく説明することになりますが，完全競争市場では，企業の規模は小さいと仮定されていますので，供給量を変化させても市場の価格に影響を及ぼすことはできません。それゆえ，市場で決定された価格を与えられたものとして行動しますので，企業にとって価格は一定の値となります。同時に，完全競争市場では，企業は市場で決まった価格のもとで売りたいだけのものを売ることができると考えられます。それゆえ，**総収入**（**TR**: Total Revenue）は，価格 P と生産量 x の積として表されます。

$$TR = P \cdot x$$

これを図示すると図14-1のようになります。価格 P が一定と仮定されますので，**総収入曲線** TR は価格 P の傾きをもち，原点から出発する一次直線として描かれます。

図14-1 総収入曲線

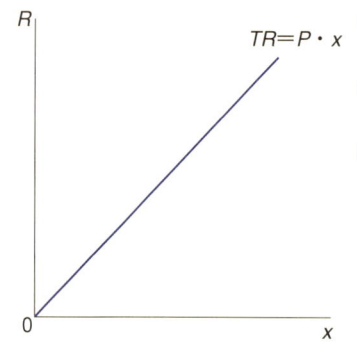

$TR = P \cdot x$

① 総収入 TR は価格 P と生産量 x の積で表されます。

② 完全競争の想定のもとで，価格は一定と仮定されています。

③ よって，$\overline{P} \cdot x$ から x の増加にともなって TR が増加しますから，総収入曲線は右上がりの一次直線で表されます。

平均収入と限界収入

平均収入　総収入 TR を生産量 x で割ると，生産物1単位当たりの収入を表す**平均収入**（***AR***：Average Revenue）が得られます。次の式からわかりますように，AR は価格 P に等しくなります。

$$AR = \frac{TR}{x} = \frac{P \cdot x}{x} = P$$

限界収入　**限界収入**（***MR***：Marginal Revenue）は生産量を1単位増加することによって得られる追加的収入のことです。この限界収入は，生産量が増大する場合，総収入がどうなるかを示す指標となりますので，企業にとってはきわめて重要な概念です。完全競争市場では，生産量1単位の増加から得られる総収入の増加分である限界収入は平均収入にも等しく，価格 P にも等しくなります。よって，

$$MR = P$$

となります。個々の企業はその価格で望むだけ販売することができると考えられますので，個別企業にとっての需要曲線は図14-2に示されるように水平な直線となります。個別企業の供給量を全企業について合計したものが市場供給曲

図14-2 個別企業の需要曲線

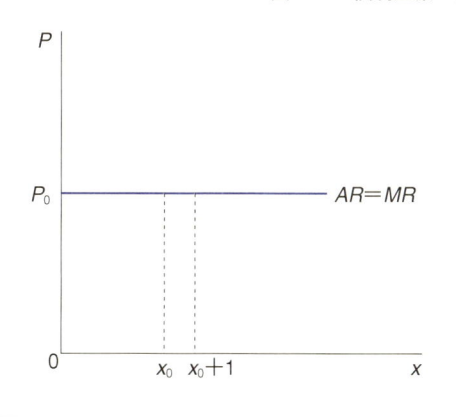

① $\dfrac{TR}{x}=AR=P$ となります。
② $=P \cdot x$ から，$MR=P$ ともなります。
③ よって，平均収入 AR と限界収入 MR はともに価格 P に等しくなりますので，同じ水平な線で表されます。

線となります。

　ところで，個々の企業が生産量を変化させても市場価格 P_0 は変化しません。そこで，個別企業の需要曲線を示す図14-2において，生産量を x_0 から x_0+1 単位に増加させると，総収入は $P_0 \cdot x_0$ から $P_0(x_0+1)$ へと増加します。それゆえ，総収入の増加分である限界収入は，

$$MR = P_0(x_0+1) - P_0 \cdot x_0 = P_0 \times 1 = P_0$$

となります。つまり，限界収入は価格に等しくなります。

　したがって，**平均収入曲線** AR と**限界収入曲線** MR は図14-2のように市場価格 P_0 の水準に等しい水平な線となります。

最適生産量の決定

最適生産量　　合理的に行動する企業は，利潤を最大化するように生産量を決定します。利潤 π は総収入 TR から総費用 TC を引いたものですから，

　　$\pi = TR - TC$

となります。そこで，企業は TR と TC の差である利潤が最も大きくなるところで生産量を決定すれば，利潤最大化を実現することができます。このときの

95

図14-3 最適生産量(1)

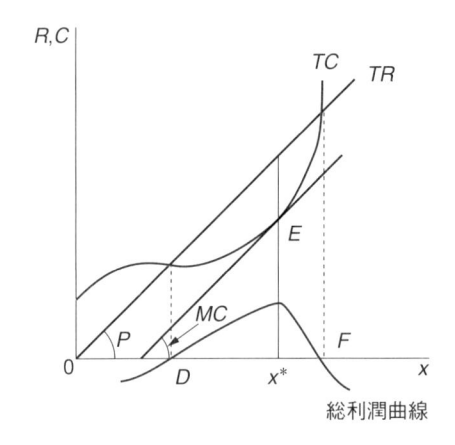

① 総収入 TR と総費用 TC の差が最も大きくなる x^* で利潤は最大となります。
② 利潤が最大となる生産 x^* を最適生産量といいます。
③ 利潤最大化をもたらす x^* では，TR 線の傾き（P）と TC 線の傾き（MC）が等しくなります。それゆえ，利潤最大化の条件は，$P=MC$ となります。

生産量を**最適生産量**といいます。

最適生産量の決定　この最適生産量決定の問題は，図によって示すことができます。図14-3には総収入と総費用の曲線が描かれています。ここで最適生産量を決定するために，この総収入と総費用の差としての利潤が最も大きくなるところを求めます。そのためには，図14-3の TR 線と同じ傾きの線を下方へ平行移動させ，TC 線と接する点 E を求めればよいことになります。この点で利潤は最大となり，最適生産量 x^* が得られます。x^* では，TR 線の傾きである P と TC 線の傾きである MC が等しいことに注意する必要があります。

以上の内容は，図14-4のように，限界値を使って示すことができます。完全競争のもとで，価格 P_0 に等しい限界収入曲線 MR と平均収入曲線 AR が水平に引かれます。一方，総費用曲線 TC に対応した限界費用曲線 MC と平均総費用曲線 ATC は U 字型となります。ここで，$P=MC$ となる A 点で生産量 x^* を決定すると，利潤は最大となります。生産量 x_1 では，$MR>MC$ ですから，その差だけ追加利潤が増大しますので，生産を増すことにより総利潤を増大できます。$MR<MC$ の x_2 では，その差だけ単位当たり利潤の追加損失を招き，

図14-4　最適生産量(2)

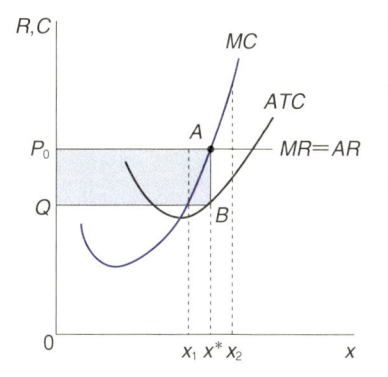

① 限界費用MCと価格P_0が等しくなるA点で利潤は最大となります。
② 生産量x_1では$MR>MC$となりますので生産量を増加させることによって利潤を増加できます。
③ 生産量x_2では$MR<MC$となりますので，その差だけ利潤の損失を招きます。

総収入が減少します。なお図14-4では，最大利潤は四角形P_0ABQの面積で示されます。なぜなら，総収入はP_0Ax^*0であり，総費用はQBx^*0ですから，総利潤はこの2つの面積の差となるわけです。

利潤最大化の条件

利潤最大化の条件　最適生産量を実現するための利潤最大化条件は，次のようにして導出することができます。利潤πは，

$$\pi = TR - TC$$

で示されます。ここで利潤最大化は，πを生産量xで微分してゼロとおくことによって求められます。すなわち，

$$\frac{d\pi}{dx} = \frac{d(TR)}{dx} - \frac{d(TC)}{dx} = 0$$

$$\frac{d(TR)}{dx} = \frac{d(TC)}{dx}$$

となります。

$$\frac{d(TR)}{dx}=P, \quad \frac{d(TC)}{dx}=MC$$

ですから,利潤を最大にする最適生産量 x^* は,

価格 P ＝限界費用 MC

で得られることになります。これは,図14-3のE点および図14-4のA点に対応するものです。

15 短期供給曲線

短期供給曲線

短期供給曲線　前章でみましたように，完全競争市場においては企業は $P=MC$ で生産量を決定します。したがって，図15-1に示されるように，価格が P_1 のときには，生産量は x_1 になります。

価格が P_2 に低下すると，企業は $P=MC$ の条件にもとづいて生産量を x_2 に減らすことになります。供給曲線はそれぞれの価格のもとで企業がどれだけ供給するかを示すものですが，図15-1における限界費用曲線が**短期供給曲線**そのものであるということができます。

ただし，通常供給曲線は右上がりの曲線として表されますので，限界費用曲線のすべてが供給曲線になるわけではありません。短期供給曲線となるのは，図15-1において，MC 曲線のうち，$P_5=MC=AVC$ の点 C よりも右上の部分だけとなります。このことを順に追って説明していくことにしましょう。

損益分岐点

図15-1において，いま価格が P_1 であるとすれば，$P_1=MC$ となる A 点で生産量 x_1 が決まります。この x_1 では，生産物1単位当たりの収入である価格 P が生産物1単位当たりの費用を表す平均総費用 ATC を上回るために利潤が存在します。完全競争のもとでは，利潤があるかぎり新規企業が参入し，市場全体の供給量が増加します。そのために市場価格は低下することになります。

価格が低下して P_3 になりますと，B 点で価格は ATC の最低点と等しくなります。ここでは，$P_3=MC=ATC$ となりますので利潤はゼロになります。この点を**損益分岐点**といいます。

図15-1 短期供給曲線

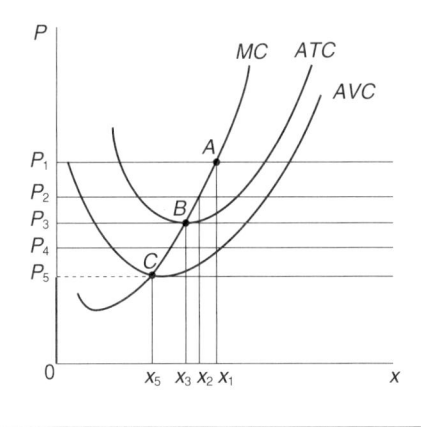

① 企業は$P=MC$の利潤最大化の条件にもとづいて生産量を決定します。
② 企業は価格に応じて，限界費用曲線に沿って生産量を変化させることになりますので，MC曲線が短期供給曲線となります。
③ 供給曲線はMC曲線のうち$P=AVC$であるC点より右上の部分となります。C点を操業停止点といいます。

操業停止点

操業停止点　図15-1において，価格がP_3のときには利潤がゼロになりますが，企業は生産を停止しません。なぜなら，たとえ利潤はゼロであったとしても，生産にかかる費用（可変費用＋固定費用）はまかなうことができますので，損失はゼロです。ところが生産を停止すれば収入がゼロになりますので，固定費用の分だけ損失が生じることになるからです。それゆえ，企業は生産の継続を選択します。

　企業はどこまで価格が低下すると生産を停止するのでしょうか。価格がP_3を下回ってさらに低下しても平均可変費用AVCの最低点C以上であれば，企業は短期的には生産を続けると考えられます。なぜなら，P_4であれば生産物を販売することにより可変費用だけでなく固定費用の一部も回収することができ，生産を行わない場合よりも少ない損失ですむからです。価格がP_5まで低下すると，$P_5=MC=AVC$（点C）となりますので，この価格では可変費用しかまかなうことができません。これを下回ると可変費用すら回収できませんので，操業を停止せざるをえません。このC点を**操業停止点**といいます。したがって，価格がP_5より高い水準にあるとき，つまりMC曲線のうちC点より右上の部分にあるときには生産を行うことになりますから，図の青色の部分

が**短期供給曲線**となります。そして，価格がP_5以下の場合には生産量がゼロになりますので縦軸の直線OP_5が供給曲線となります。このように，完全競争市場における短期供給曲線は操業停止点で不連続となります。

操業停止の決定　これまでの説明で，価格が平均可変費用AVCを下回る場合には，企業は操業を停止するということになります。しかし，これにはいくつかの条件を考慮しておく必要があります。

　場合によっては，価格が平均可変費用を下回っても生産を継続した方が有利になります。たとえば，ある産業においてA社がB社に対して一定の数量の供給契約を結んでいるとしましょう。もし何かの理由で費用が上昇し，平均可変費用AVCが契約価格Pを上回ったとします。この場合，A社が契約を優先させて生産を行うと，固定費用のほかに，AVCとPの差額だけの損失をこうむります。したがって，通常であれば操業は停止されます。しかし，供給を打ち切った場合，B社が契約不履行で違約金を請求する可能性があります。この金額がAVCとPの差額を上回る場合には，企業は契約を破棄するよりも生産を継続する方が損失を小さく抑えることができます。

　また，製鉄工場のように，基礎的工程を稼動させ，必要な熱量を得るのに膨大な費用がかかる産業では，たとえ価格が平均可変費用を下回る場合でもすぐに操業を停止することはできません。

　同様に，操業の停止によって企業が従業員を一時帰休ないしは解雇するにしても，相当の人員整理費用が必要となります。したがって，価格が平均可変費用を下回る期間が短かいと予想される場合には操業を停止しない方が有利となることがあります。

短期の市場供給曲線

個々の企業の短期供給曲線を合計することによって，市場の短期供給曲線を得ることができます。

　図15-2に示されるように，たとえば市場価格がP_0であるとしますと，その

図15-2　市場供給曲線の導出

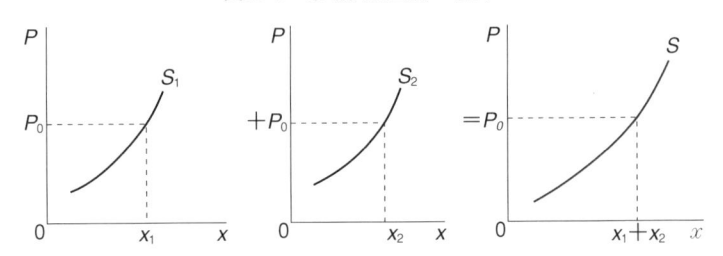

① 価格がP_0のとき各企業の供給量の合計が市場全体の供給量となります。
② 各企業の供給量x_1，x_2を合計したものが市場の供給曲線Sとなります。

価格のもとでの個々の企業の供給量を合計すると，市場全体の供給量となります。各価格水準に対応した市場全体の供給量の軌跡を結ぶことによって，**市場供給曲線**が得られます。

16 長期費用曲線

長期費用曲線

短期と長期 すでにみましたように，費用と生産量の関係を分析する場合，短期費用と長期費用を区別する必要があります。ここで，短期・長期というのは単なる時間の長さではなく，生産要素の中に固定的要素があるかないかによります。生産要素のなかに固定的要素がある場合が短期であり，すべて可変的要素の場合が長期です。一般には資本設備が一定の場合を短期といい，資本設備が変化する場合を長期といいます。長期では固定的要素が存在しないために，すべての費用が可変的となります。したがって，固定費用は存在しません。

長期費用曲線 長期を考える場合にも，一時点をとれば資本設備は一定ですから，その場合の総費用曲線は短期総費用曲線ということになります。しかし，需要の増加に応じて生産を増加させるとき，設備を拡大した方が生産費の増加を低く抑えることができるというケースを考えることができます。ここから，短期費用曲線をもとにして長期費用曲線を導き出すことができます。

図16-1に描かれている曲線 STC_1, STC_2, STC_3 はそれぞれ資本設備の規模の異なる短期総費用曲線です。3つの曲線のうち STC_1 が最も小規模設備（k_1）であり，STC_2, STC_3 と移るにつれて設備の規模は k_2, k_3 と大きくなります。短期的には設備は一定ですが，長期的にみれば生産水準の変化にともない設備の規模も変化していくと考えることができます。

長期においては，企業は各生産水準においていかなる規模の設備を採用したら最も少ない費用で生産できるかを選択することができます。この図では，生

図16-1 長期総費用曲線 LTC

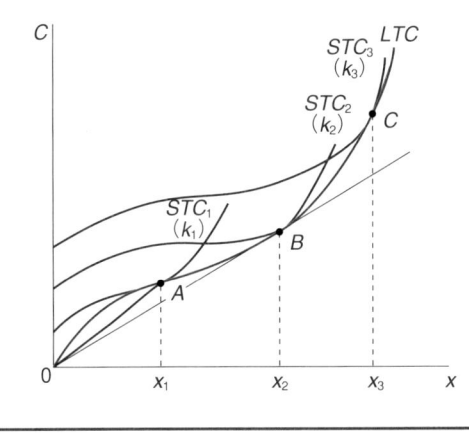

① 長期では生産規模の変更が可能です。そこで，各生産量に応じて最も生産費の小さい規模を選択することができます。
② それぞれの生産水準において選択された短期総費用の水準を結ぶことによって長期総費用曲線が得られます。
③ 長期では固定費用がありませんので，LTC曲線は原点から出発します。

産規模が x_1 のときには，費用が最小となるのは短期総費用曲線 STC_1 です。したがって，それに対応する設備 k_1 が選択されます。同様にして x_2 のときには STC_2 に対応する設備 k_2 が選択され，x_3 のときには STC_3 に対応する k_3 が採用されることになります。

このような費用最小点 A, B, C を結んでいくと，1つの新しい曲線が得られます。これが**長期総費用曲線**（**LTC** : Long-run Total Cost）です。短期総費用曲線は資本設備の大きさに応じて無数に存在しますので，長期総費用曲線は，短期総費用曲線の包絡線であるということができます。なお，長期の場合には固定的生産要素がないために固定費用は存在しません。それゆえ，総費用曲線は原点を通る曲線となります。

長期総費用 LTC の大きさは，生産量 x だけでなく，採用される生産設備の規模 k にも依存しますので，長期総費用関数は，

$$LTC = C(x, k)$$

という形になります。

図16-2 長期平均費用曲線 LAC と短期平均総費用曲線 SAC

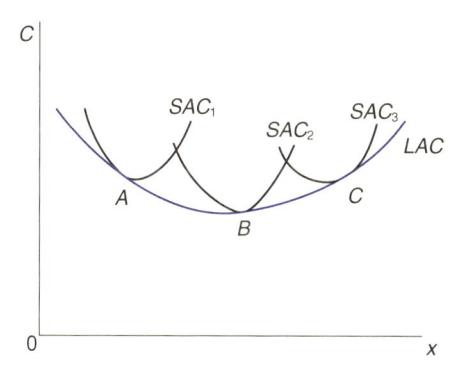

① 長期総費用曲線をもとにして，長期平均費用曲線LACを導くことができます。
② 長期総費用を生産量で割るとLACが得られます。LACは生産量の増加とともに低下しB点で最小となり，その後は増加していきます。
③ LACは短期平均総費用曲線の包絡線となります。

長期平均費用曲線

長期では，固定費用，可変費用の区別がなく，総費用＝可変費用となりますので，短期と違って平均費用も1種類しか存在しません。

長期平均費用（LAC：Long-run Average Cost）は，長期総費用 LTC を生産量 x で割ることによって得られます。すなわち，

$$LAC = \frac{LTC}{x}$$

となります。

そこで，図16-1の長期総費用曲線 LTC をもとにして，長期平均費用曲線 LAC を描くことができます。たとえば，図16-1の生産量 x_1 の長期平均総費用は，$\frac{Ax_1}{x_1}$ であり，直線 OA の傾きで表されます。x_2 では $\frac{Bx_2}{x_2}$ であり，x_3 では $\frac{Cx_3}{x_3}$ となります。この図からわかることは，LAC を表す各生産水準における直線の傾き OA，OB，OC は，はじめは生産の増加につれてしだいに低下し，B のところで最低になり，それ以降は上昇し出すということです。それゆえ，長期平均費用曲線は，図16-2に示されるように U 字型になります。

この長期平均費用曲線 LAC を短期平均総費用曲線 SAC との関係でみますと，LAC は SAC の包絡線となっていることがわかります。これは，図16-1に

おいて長期総費用曲線 LTC が短期総費用曲線 STC の包絡線であることと表裏一体の関係にあります。

なお，LAC は一定生産量に対する最小の平均生産費を結んだものであって，各短期平均総費用曲線の最低点を結んだものではないことに注意する必要があります。

長期限界費用曲線

長期限界費用（**LMC**：Long-run Marginal Cost）とは，生産物を追加 1 単位増加させることによって生じる長期総費用の増加分のことです。したがって，それは，短期の場合と同じように長期総費用曲線の各点における傾きによって表されます。それゆえ，図16-1の LTC の各生産水準における傾きを求めることによって，長期限界費用曲線 LMC を描くことができます（図16-3）。長期限界費用曲線は，短期の場合と同様に長期平均費用曲線の最低点を下から上に切る形となります。

短期限界費用曲線 SMC と長期限界費用曲線 LMC の関係をみてみますと，図16-3に示されるように，たとえば生産量 x_1 においては図16-1の点 A に対応する水準で $SMC_1=LMC$ となります。x_1 より小さい生産量では LMC は SMC_1 より上方に位置しますが，x_1 より大きい生産量では SMC_1 より下方に位置することになります。

LMC と SMC がこのような関係になるのは，設備の規模を変化させることのできる長期と設備が一定である短期のちがいによります。というのは，短期では右上がりの限界費用曲線が示すように，生産量が x_1 より大きくなると労働の限界生産物の逓減により限界費用は増大します。ところが，長期では設備を増大できるために，設備一定のもとで生じる収穫逓減を回避することができます。それゆえ，LMC の増加が SMC の増加より緩やかになるからです。図16-3からわかりますように，こうした関係は生産量 x_2 における LMC と SMC_2，および生産量 x_3 における LMC と SMC_3 についても同様に当てはまります。

図16-3　長期限界費用曲線 LMC と短期限界費用曲線 SMC

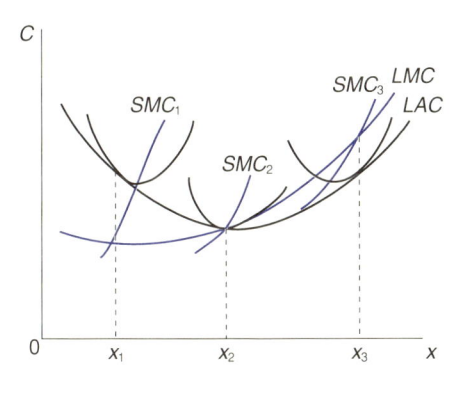

① 長期限界費用は LTC 曲線の傾きの大きさです。
② LMC 曲線は LAC 曲線の最低点を下から上に切る形となります。
③ 各生産水準において短期と長期の限界費用は等しくなります。すなわち $SMC=LMC$ となります。
④ ただし，各生産量の左方では，$SMC<LMC$，右方では $SMC>LMC$ となります。

規模の経済

次に，長期総費用曲線およびそれに対応する長期平均費用曲線をもとにして**規模の経済**についてみていきます。

規模に関する収穫不変　これまでみてきましたように，短期平均総費用曲線 ATC は U 字型をしていますが，長期平均費用曲線は必ずしも U 字型になるとはかぎりません。長期総費用曲線 LTC が直線である場合には，長期平均費用曲線 LAC は図16-4のように横軸に平行な直線となります。

この場合には LAC は，短期平均総費用の最低点を結んだものとなります。しかもこのケースでは，長期限界費用曲線 LMC も LAC と同じになります。この場合，生産規模の大小は長期平均費用に影響しませんから，いかなる生産規模でも生産における能率は同じです。たとえば，工場の規模を3倍にすると，生産量も3倍になります。このケースを**規模に関する収穫不変**といいます。

図16-4　規模に関する収穫不変

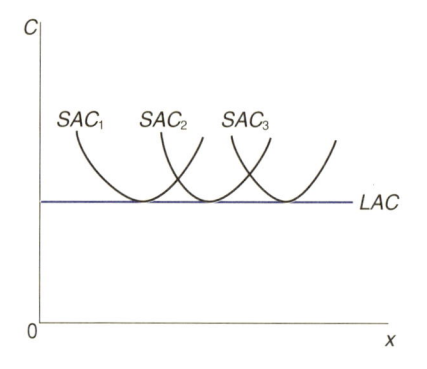

① 長期平均費用が生産量の水準にかかわらず一定のケースを，規模に関する収穫不変といいます。
② このケースでは，たとえば生産規模が3倍になると，生産量も同様に3倍になります。

図16-5　規 模 の 経 済

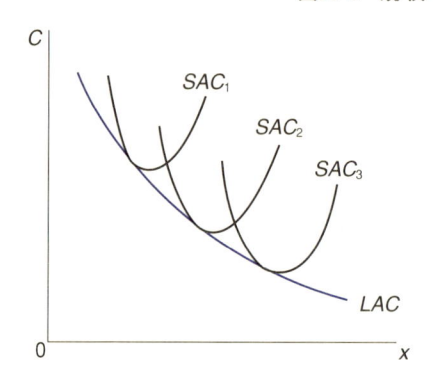

① 生産規模の拡大につれて長期平均費用が低下していくことを規模の経済といいます。
② このケースでは設備の規模が大きくなるほど，より大きな生産量をより低い平均費用で生産できます。
③ 規模の経済は，企業内部と外部の要因によって生じます。

規模の経済　しかし通常，生産規模を拡大するとき，ある限度までは収穫は逓増し，いわゆる**大量生産の利益**が生じます。図16-5に示されるように，この場合には，長期平均費用曲線に低下傾向がみられます。

　このケースを**規模の経済**あるいは**規模に関する収穫逓増**といいます。この規模の経済が生じる理由としては，企業内部の要因と外部の要因の2つに分けられます。内部要因としては，生産設備の拡張にともなって，新しいすぐれた機械の導入や労働の熟練度の増加，ベルトコンベアーなどにより分業を徹底させ

ることによる生産性の向上といったことを考えることができます。また，外部要因としては，工業団地などによる関連産業の発達による運送費や通信費といったコストの低下を考えることができます。さらに，道路・港湾・空港など公共の輸送施設の整備による輸送費の減少も LAC を低下させる要因となります。なお，内部要因・外部要因の利益がなくなり，LAC が上昇していく場合には，これを**規模の不経済**あるいは**規模に関する収穫逓減**といいます。

17 長期供給曲線

長期利潤の最大化

企業は，短期における場合と同様に，長期においても総収入と総費用の差としての利潤を最大にするように生産量を決定すると考えることができます。そこで，先にみた長期費用分析をもとにして，利潤最大化をもたらす生産量の決定をみていくことにします。ただし，長期の場合には，利潤最大化をもたらす生産量（最適生産量）だけでなく，同時にそれを生産する生産設備の規模（最適生産規模）も決定されます。

長期総費用曲線は，前にみたとおりですが，総収入曲線は，完全競争を前提として価格一定の想定のもとで $TR = P \cdot x$ として，短期分析と同様に右上がりの直線で示すことができます。そこで，両曲線を図17-1に描きますと，長期における利潤最大化をもたらす最適生産規模の決定を示すことができます。この図において，企業は収入 $P \cdot x$ と長期総費用 LTC の差である利潤が最大となるところで生産量を決定します。収入と費用の差は総収入曲線と同じ傾きの線を下方にずらし，総費用曲線と接するところで止めた E 点で最大となります。すなわち，両曲線の傾きが等しくなる点に対応する生産量 x_0 のところで利潤は最大となります。また，ここでは，x_0 を生み出す最適生産規模 k が決定されることになります。

このことは，短期の場合と同じように，利潤曲線（長期総利潤曲線）を描いて示すことができます。すなわち，**長期総利潤曲線**が最大となる E' 点における生産量 (x_0) が長期における最適生産量であり，同時にそれはその生産量をもたらす生産設備の規模を決定することになります。それが，最適生産規模の決定です。

図17-1 長期利潤の最大化と生産量の決定

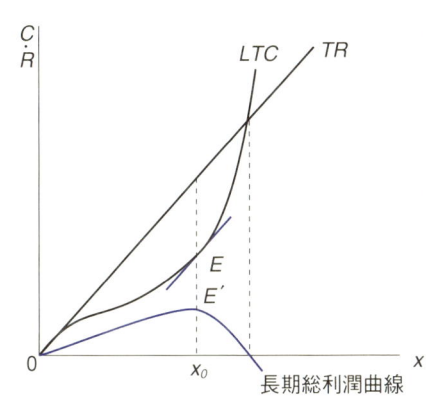

① 長期総費用曲線と総収入曲線の差が最も大きくなるx_0で利潤は最大になります。
② 利潤最大化の条件は$P=LMC$となります。
③ 長期では利潤を最大化する生産量とともに最適生産規模が決定されます。

すでに述べましたように，長期総利潤の最大化をもたらすE'点においては，総収入直線の傾き（P）と長期総費用曲線LTCの傾き（すなわち長期限界費用LMC）が等しくなります。

$$P=LMC$$

同時に，それは短期総費用曲線の傾き（すなわち限界費用SMC）に等しくなります。ゆえに，企業の長期均衡点では，次の関係が成立することになります。

$$P=LMC=SMC$$

企業の長期供給曲線

長期供給曲線の導出　次に，短期において供給曲線を導出したのと同じように**長期供給曲線**を導出することができます。すでに述べましたように，長期ではすべての生産要素が可変的となり，企業は利潤最大化をめざして，産出量および生産規模を調整します。長期総利潤が最大になるのは，次の条件が成り立つときです。

図17-2 企業の長期供給曲線

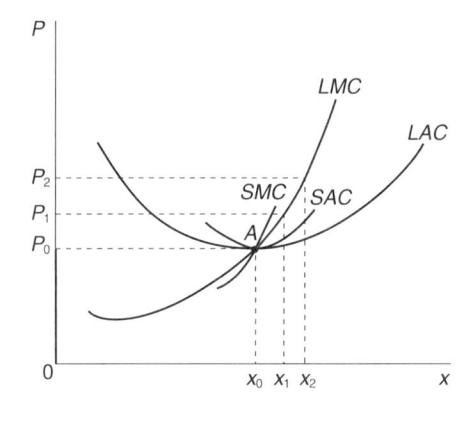

① 長期では，企業は価格に応じて LMC 曲線に沿って生産量を変化させますので，LMC 曲線が企業の長期供給曲線になります。
② 価格が P_0 になるまでは超過利潤が存在しますので参入が生じ，供給量の増加により価格は低下していきます。
③ P_0 の水準まで低下すると $P_0 = LMC = LAC$ となり，利潤がゼロになりますので参入はなくなり，産業の均衡が成立します。

$$P = LMC$$

すなわち，総収入直線の傾きである P と長期限界費用 LMC が等しくなるところです。そこで，この関係を図17-2に示すことによって長期供給曲線を導出することができます。つまり，利潤最大化の原則にしたがって，たとえば価格が P_1 から P_2 に上昇しますと，企業は LMC に沿って生産量を x_1 から x_2 に変化させることになります。それゆえ，LMC 曲線が企業の長期個別供給曲線になります。

産業の長期均衡　ところで，短期の場合と同様に長期においても完全競争条件による産業間の自由な資本移動を認めますと，利潤が存在するかぎり他産業からの参入が行われることになります。新規参入は企業数の増加をもたらし，供給量を増大させ，市場価格を低下させることになります。しかし，長期均衡では，企業がその産業にとどまるためには価格が平均費用を償うものでなけれ

ばなりません。

　価格がP_0まで低下しますと，長期平均費用の最低点であるA点と一致することになります。ここでは利潤がゼロになります。したがって，A点は長期の損益分岐点となります。もし価格がP_0よりも低くなりますと，企業はその産業から退出した方が有利になりますので，P_0以下では生産量はゼロになります。それゆえ，長期供給曲線は，価格P_0よりも右上のLMC曲線で示されることになり，P_0以下では供給量ゼロですから，直線OP_0も供給曲線となります。

　結局，図17-2をある産業の代表的企業の費用条件としますと，価格がP_0の水準まで低下するA点において，企業の参入も退出もなくなりますので，この産業では価格変化も産出量変化も停止することになります。したがって，ここでは次の関係が成立します。

$$P = LMC = LAC$$

　これが成立する点（A点）を，**長期の産業均衡点**といい，このときの価格を**正常価格**といいます。なお，このA点では図17-2に示されるように短期の限界費用と平均費用も価格に等しくなっています。それゆえ，

$$P = LMC = LAC = SMC = SAC$$

が成立することになります。

　長期の産業均衡点では，企業の利潤はゼロになります（$P = LAC$）が，正確には，正常利潤を上回る超過利潤がゼロになると考えることができます。なぜなら，企業家の企業経営努力に対する報酬は，生産費の一部を構成するとみなされるからです。もし，この正常利潤が確保できなければ，企業はこの産業から退出し，正常利潤を保証する他の産業に参入していくと考えられます。それゆえ，産業の長期均衡価格としての正常価格は，正常利潤を保証する競争市場価格であるということになります。

図17-3　産業の長期供給曲線

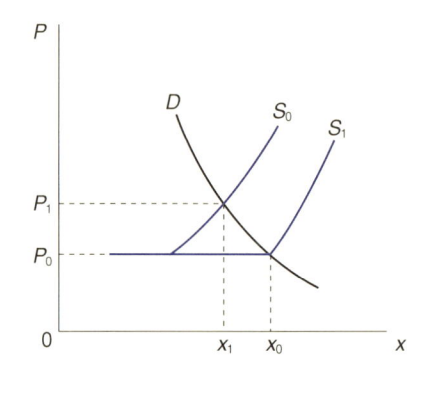

① 産業内の企業の供給量を合計すると，産業の供給曲線S_0が得られます。
② 需要曲線Dと供給曲線S_0の交点で市場価格P_1が決定されます。
③ P_1は平均費用を上回っていますので，そこには超過利潤が発生しています。ゆえに，新規企業が参入し，供給量が増加します。
④ 供給量の増加は供給曲線を右方へシフトさせます。
　価格がP_0になるまで供給曲線はシフトしていきます。
⑤ 結果として，すべての企業を考慮した産業の長期供給曲線は水平な直線となります。

産業の長期供給曲線

次に，個別企業の長期供給曲線から産業全体の長期供給曲線を導出します。すでにみましたように，企業の長期供給曲線は LMC 曲線のうち，LAC 曲線を上回る部分です。ここで，産業内の企業数を不変とし各企業の費用構造をすべて同じと仮定したうえで，この曲線をその産業内の企業数だけ集計したものが図17-3の産業の供給曲線です。これをS_0とします。

このS_0曲線はその産業内にあらかじめ存在する企業，つまり既存企業の供給曲線です。この図に市場需要曲線を書き入れますと，図17-3に示されるように，この市場では需要曲線と供給曲線の交点で価格P_1と生産量x_1が決定されます。

この場合，P_1は長期平均費用 LAC を上回っていますので，企業には超過利潤が発生しています。そこで，この超過利潤を求めて新規企業がこの産業に参入してくると思われます。そうなると，企業数が増加し，供給量が増えますので，供給曲線S は右方へシフトすることになります。それゆえ，価格は正常

価格 P_0 まで低下し，超過利潤はゼロになります。つまり，新規企業の参入により S 曲線は連続的に右方にシフトします。この過程で S 曲線の最低点の軌跡をみると水平な直線となります。この水平な直線が既存企業と参入企業のすべてを合わせた全企業の長期供給量を考慮した場合の産業の**長期供給曲線**になります。

第4部 市場の均衡

18 均衡価格の決定

完全競争市場

需要曲線・供給曲線による均衡価格の決定は，**完全競争**を前提として行われますが，この完全競争が成立する条件は次の5つです。
(1) **買手**（消費者）と**売手**（生産者）が多数存在
(2) 取引される財の同質性
(3) 価格や財に関する知識と情報の完全性
(4) 市場への参入・市場から退出の自由
(5) 産業間における生産要素の完全可動性

　このような完全競争市場においては，全く同質的な財が完全な知識と情報にもとづいて取引されます。しかも，個々の取引量は市場全体としてはわずかなものですから，市場における需要と供給にはほとんど影響しません。
　したがって，市場に参加する個々の消費者も生産者も市場で成立する価格を与えられたものとして受け取り，それぞれ効用・利潤の最大化をめざして需給の数量のみを調整することになります。これを**プライス・テーカー**（価格受容者）といいます。

均　衡　分　析

一般均衡分析　完全競争市場では，需要と供給が均衡するところで価格が決定されると考えられます。その場合，各財の需要量と供給量は，その財の価格だけでなく，他のあらゆる財の価格によって影響を受けますし，またその財の価格も他財の需給に影響を与えるとみられます。
　すなわち，すべての財の需要と供給は各市場で成立する網の目のような価格

体系を通じて調整され，互いにあらゆる財の価格変化に依存すると考えられます。このように，各市場の相互依存関係を前提として，すべての財の価格と需給量の同時均衡を分析するのが**一般均衡理論**です。

このように各市場の均衡を同時に分析する一般均衡理論は，市場の相互依存関係を取り扱うために分析が複雑になります。そこで，ここでは，次のような部分均衡分析にもとづいて均衡価格の決定をみていきます。

部分均衡分析　**部分均衡分析**は，「他の事情を一定として」という仮定のもとで，対象となる財の価格決定を考えます。

具体的には，他の財の価格や生産量，さらには消費者の所得や嗜好などを一定と仮定して，ある財の価格はその財の需要と供給の関係のみに依存するというものです。したがって，部分均衡分析においては，財の価格をその財の需要曲線と供給曲線によって説明することができます。

均衡価格の決定

市場均衡　需要曲線は右下がりで，供給曲線は右上がりで示されますので，競争市場における需給の均衡は図18-1に示されるように両曲線の交点 E で決まります。

この交点 E における価格 P^* が**均衡価格**であり，数量 x^* は**均衡取引量**です。この価格のもとでは，家計と企業がそれぞれ効用・利潤の最大化を実現しているので，需要量も供給量も変化する理由がありません。そこで，文字どおり市場は均衡することになります。変化するとすれば，一定と仮定した「他の事情」が変化する場合ということになります。

ところで，図18-1に示されるように，価格が P_1 にあるときには，$\overline{ab}$ だけ超過供給が生じています。この場合には，売れ残りが生じることになりますので，これを売り切るためには価格を下げざるをえません。その結果，価格は低下することになります。

一方，価格が P_2 の場合には，$\overline{cd}$ だけ超過需要が生じています。ここでは需

図18-1 均衡価格の決定

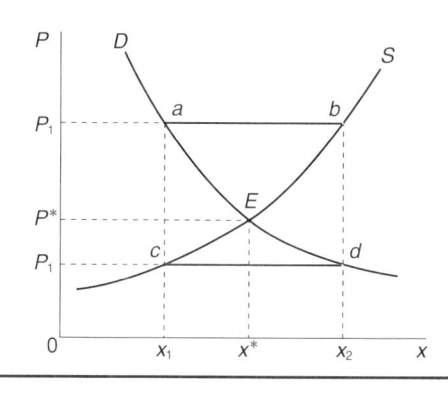

① 均衡価格P^*は需要と供給が一致するE点で決まります。
② P_1の価格水準では超過供給が発生していますので価格は低下していきます。
③ P_2では超過需要が存在しますので，価格は上昇していきます。

要が供給を上回っているために，ほしい財を手に入れることができない人がいるということになります。そうした人のなかには，より高い価格を払っても財を手に入れようとする人が出てきますので価格は上昇していくことになります。結局，需給が一致するP^*のところで均衡することになります。これが**市場均衡**です。

19　調整過程と均衡の安定性

調 整 過 程

ワルラス的調整過程　これまでみてきましたように，競争市場における需給の均衡は需要曲線と供給曲線の交点で決まります。

　ところで，需給ははじめから均衡しているわけではなく，両者が不一致の場合もあります。需給がアンバランスの場合に均衡に至る調整には2つの説明の方法があります。その1つは，需要曲線と供給曲線の水平差，すなわち需給量のアンバランスの存在が価格を変動させ，それを通じて需給の調整がはかられるというものです。これを**ワルラス的調整過程**といいます。

　いま，市場の需要曲線と供給曲線が図19-1のように与えられているものとします。このとき，市場の需要と供給は E 点で均衡しており，P^* が均衡価格，x^* が均衡取引量ということになります。

　価格が P^* よりも高い P_1 のとき，市場ではどのような動きが起こるでしょうか。価格が P_1 のとき，市場の需要量は x_1，供給量は x_2 となっており，x_1-x_2 だけの超過供給が発生しています。このときに，売手は売れ残りを恐れるあまり，価格を引き下げようとします。そしてこの傾向は，市場に超過供給がなくなるまで続き，再び E 点で均衡が達成されます。

　次に，価格が P^* よりも低い P_2 のときを考えてみましょう。今度は x_1-x_2 だけの超過需要が発生しています。売手側は価格を釣り上げても売れるとの見通しから，市場では価格上昇の気運が起こり，この傾向は需要と供給が一致するまでつづき，E 点で再び均衡が達成されます。

　このワルラス的調整過程においては，価格の変化に応じて需要量も供給量も短時間で変化することができると考えられます。具体的な市場としては，債券

図19-1 価格調整による均衡への収束

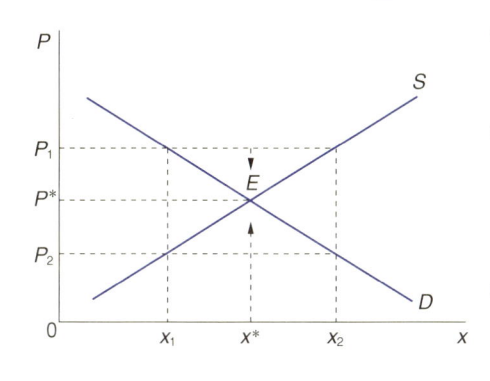

① 需要と供給はE点で均衡しており，価格はP^*，取引量はx^*に決定されます。
② 価格がP_1に上昇すると市場ではx_1-x_2だけの超過供給が発生しますから，価格は下方に修正され，再び市場均衡が達成されます。
③ 価格がP_2に下落すると，市場ではx_1-x_2だけの超過需要が発生しますから，価格は上昇し，再び市場均衡が達成されます。

市場および株式市場のような金融市場や大豆，小麦といった農産物の在庫取引を扱う商品市場などが挙げられます。こうした市場では，供給量も価格の変化に対してすぐに変化することができます。

マーシャル的調整過程 ワルラス的調整に対して，市場での売買価格に乖離が生じる場合，需要量ならびに供給量が調整されて市場均衡を達成するというのが**マーシャル的調整過程**です。

たとえば，図19-1の取引量x_1をみますと，需要曲線上の価格である**需要価格**P_1と供給曲線上の価格である**供給価格**P_2との間に開きがあります。この場合には，需要者の支払おうとする需要価格P_1がx_1を生産するときの限界費用である供給価格P_2よりも高いために，利潤増加の刺激によって企業は生産を増やそうとします。そこで，供給量は均衡需給量x^*に向かって増加していくことになります。取引量がx_2のときには，需要価格より供給価格の方が高くなるために企業は生産を減らそうとしますので，供給量はx^*に向かって減少していくことになります。結局，均衡点Eで需給価格は均衡し，均衡取引量x^*が決まります。これが**マーシャル的調整過程**です。

図19-2 マーシャル的調整過程

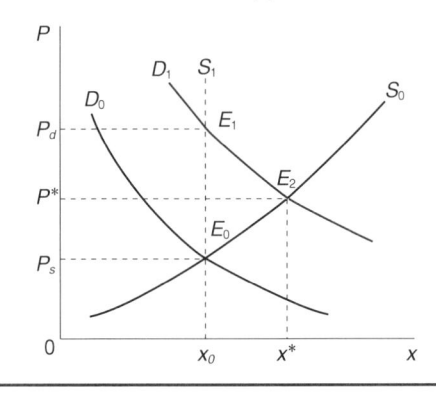

① 均衡点E_0から出発して需要が増加すると，一時的にはE_1に均衡点が移ります。
② E_1では，需要価格が供給価格を上回るために供給量が増加していきます。
③ 供給量の増加につれて需要価格が低下していくので需要量も増加し，やがて需給均衡が達成されると考えられます。

　マーシャル的調整過程の説明はワルラスと異なり，需要はすぐに変化するのに対して，生産には時間がかかる点に着目して需給調整の問題を分析するものです。一般に，工業製品などは時間をかければ増産することができますが，需要の変化に対して瞬間的に供給量を調整することはできません。

　そこで，図19-2を用いて改めてマーシャル的調整過程の内容を確認しておきます。いま図19-2に示されるように，需要曲線D_0と供給曲線S_0の交点E_0で均衡が成立しているとします。ここで需要曲線がD_0からD_1へシフトした場合を考えてみましょう。需要は瞬間的に変化することができますが，供給量はすぐに変化できませんので，一時点をとってみれば供給曲線はS_1のように垂直となります。そこで，x_0の生産量に対して生産者は最初の均衡点E_0に対応するP_sの価格で満足していますが，この市場の均衡は一時的にはD_1とS_1の交点E_1に移るために，市場ではこの生産物はP_dの価格で取引されることになります。これを**一時的均衡**といいます。ここにおけるP_sが先に述べた供給価格であり，P_dが需要価格です。

　需要価格が供給価格を上回るかぎり，生産者は超過利潤を獲得することができますので，右上がりの供給曲線S_0に沿って供給量を増加させ，P_dとP_sが等しくなるところで新しい均衡E_2に達することになります。

　このように，マーシャルの場合にはワルラスと違い，供給量の調整には時間

図19-3 ワルラスの安定条件

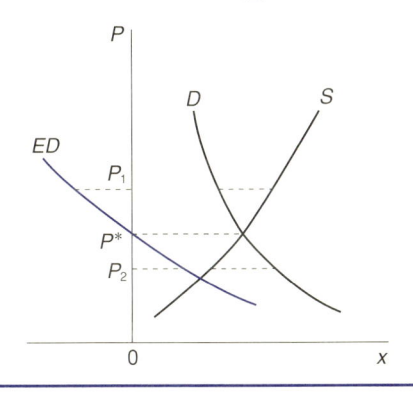

① 価格が均衡価格よりも高い P_1 のときには超過供給が発生しており、均衡価格よりも低い価格 P_2 のときには超過需要が発生しています。
② この図のように、超過需要曲線が右下がりとなる場合には、市場はワルラスの安定条件を満たしていることになります。

がかかるということに注目し、需要価格と供給価格の不一致によって取引量が調整されると考えています。

均衡の安定条件

これまで需要・供給曲線による市場均衡をみてきましたが、需給の変動によっては再び不均衡になる場合もあります。もし、何らかの理由で均衡から乖離し、需給が不一致になったとき、市場が再び均衡を回復する力をもつ場合、その均衡は安定的であるといいます。そこで、次に均衡が安定的となる場合の条件をみていきます。

ワルラスの安定条件　通常、価格は超過需要が存在するときに上昇し、超過供給が存在するときには低下します。したがって、均衡価格 P^* より高い価格の場合には超過供給が存在し、P^* より低い価格の場合には超過需要が存在するかぎり需給は一致する方向に向かいますので、均衡は安定的となります。これを**ワルラスの安定条件**といいます。このことは、図19-3に描かれた**超過需要曲線 ED** を使って示すことができます。縦軸を中心にして、超過需要の大きさを示す超過需要曲線を引き、それが右下がりであるかぎり、ワルラスの安定条件は満たされることになります。

図19-4　マーシャルの安定条件

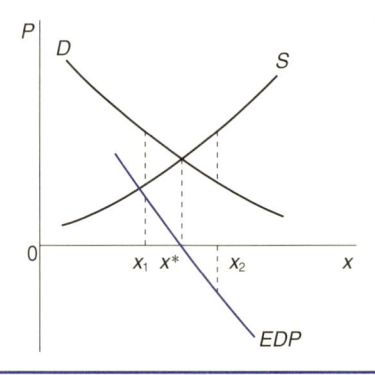

① 取引量が均衡取引量よりも少ないx_1のとき超過需要価格はプラスとなり，均衡取引量よりも多いx_2のときには超過需要価格はマイナスの値になります。
② この場合には，超過需要価格曲線は右下がりとなりますので，市場はマーシャルの安定条件を満たしていることになります。

マーシャルの安定条件　一方，均衡に関するマーシャル的調整過程の説明にしたがいますと，需要価格が供給価格を超過すると生産量は拡大し，逆に供給価格が需要価格を超過すると生産量は減少します。そこで，均衡取引量より少ない取引量では需要価格が供給価格を上回り，大きな取引量では供給価格が需要価格を上回るかぎり需給は一致する方向に向かいますので，均衡は安定的となります。これを**マーシャルの安定条件**といいます。これは図19-4のように，**超過需要価格曲線** EDP を使って示すことができます。すなわち，横軸を中心にして，この超過需要価格曲線が右下がりであるかぎり，マーシャルの安定条件は満たされ，均衡は安定的となります。

不安定均衡のケース　ところで，ワルラスおよびマーシャルの安定条件はつねに満たされるとはかぎりません。たとえば，図19-5のように需要曲線が右上がりとなる場合をみてみましょう。ギッフェン財のケースやヴェブレン効果が生じるときには需要曲線が右上がりとなります。

図19-5には，需要曲線が右上がりで，その傾きが供給曲線より小さいケースが描かれています。この場合には，超過需要曲線が右上がりとなりますが，超過需要価格曲線は右下がりとなりますので，ワルラス的調整過程は不安定となり，マーシャル的調整過程は安定的となります。

図19-5　ワルラス的不安定・マーシャル的安定

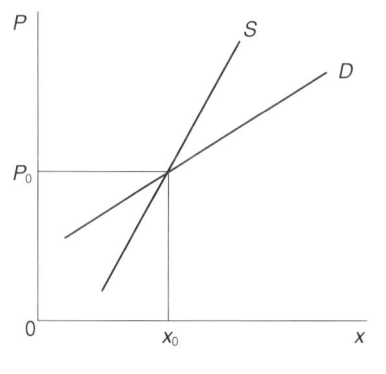

① 需要曲線が右上がりでその傾きが供給曲線より小さいケースを考えます。
② この場合には，たとえば価格が均衡価格 P_0 から離れて上昇すると超過需要が発生し，価格はますます上昇し，均衡価格から遠ざかってしまいますので，ワルラス的調整過程は不安定となります。
③ ただし，均衡取引量 x_0 の面からみますと，供給量が x_0 より少ない場合には需要価格が供給価格を上回りますので，供給量は均衡取引量に向かって増加します。ゆえに，マーシャル的調整過程は安定的となります。

図19-6　ワルラス的安定・マーシャル的不安定

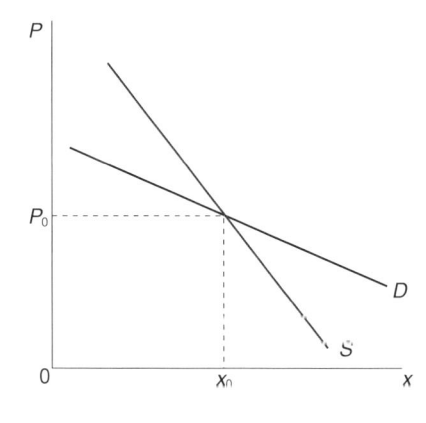

① 供給曲線が右下がりの場合を考えます。
② ここでは超過需要曲線は右下がりとなりますが，超過需要価格曲線を描いてみると右上がりとなります。
③ したがって，ワルラス的調整過程は安定ですが，マーシャル的調整過程は不安定となります。

また，図19-6のように供給曲線が右下がりになる場合を考えることもできます。労働の短期供給曲線や外部経済が生じる場合の長期供給曲線がその例として挙げられます。需給曲線が図19-6のようなケースでは，超過需要曲線は右下がりとなりますが，超過需要価格曲線は右上がりとなりますので，ワルラス的調整過程は安定ですが，マーシャル的調整過程は不安定となります。

くもの巣理論

これまで，均衡への調整メカニズムの説明としてワルラス的調整とマーシャル的調整をみてきましたが，これ以外にも市場調整メカニズムを考えることができます。

その1つがくもの巣理論です。これは需給の調整に関して，需要と供給が均衡するためには一定の時間的経過が必要であることを前提として，均衡価格に到達するまでの動態的過程を説明するものです。それは，農産物や畜産物にみられるように，需要は価格に対して即時に反応しますが，供給量の調整には一定の時間がかかるというケースに当てはまるものです。

くもの巣循環　まず，図19-7において，需要曲線D_0と供給曲線S_0の交点E_0で，均衡価格と均衡取引量がそれぞれP_0とx_0に決定していたとします。ここで，何らかの理由によって需要曲線がD_1へと右上方にシフトしたと仮定します。先に述べましたように，需要は変化しても供給量は即時に増加することはできませんので，一時的には需給の均衡点がE_1に移るために，市場の価格はP_1に上昇します。これは，マーシャルの一時的均衡における需要価格と同じです。P_0は供給価格を示すために，ここでは需要価格が供給価格を上回って，生産者に超過利潤をもたらすことになります。そこで，生産者は供給曲線に沿って需要価格P_1に等しくなるx_1のところまで生産量を増加させると考えられます。しかし，このx_1の生産が実現される時点では供給過剰となります。生産量がx_1に増加すると，需要価格はE_2点に対応したP_2となります。そのため，需要価格が供給価格を下回ることになり，供給量はP_2に応じてx_2まで削減されることになります。

このような過程をくり返すことによって，価格と取引量はくもの巣に似た運動をつづけながら，新しい均衡点E^*へと接近していくことになります。

なお，このくもの巣による均衡価格への収束はつねに保証されるとは限りません。需要曲線と供給曲線の勾配によっては，収束するケースと発散するケースがあります。

図19-7　くもの巣循環

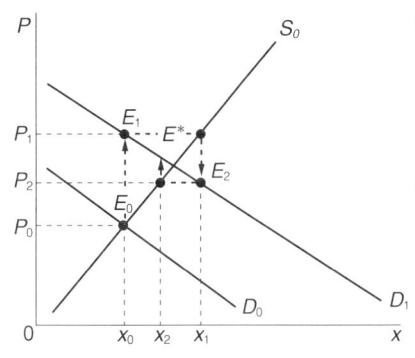

① 需要の増加にともなって需要曲線がD_1にシフトしますと，市場価格はP_1となります。この価格水準ではx_0-x_1だけ超過供給になりますから，価格はP_2に下がります。

② 市場価格がP_2になりますとx_2-x_1の超過需要が発生して価格が上昇します。このような運動は均衡価格が$D_1=S_0$となるE^*の水準になるまでつづきます。

このくもの巣理論による価格と生産量の循環的な変動は，豚肉に関して当てはまることから**ピッグ・サイクル**（豚肉循環）ともいわれています。

不完全情報と調整過程　くもの巣循環が生じる理由としては，生産者の情報が不十分であることと，行動が合理性を欠くという面を考えることができます。価格が上昇したとき，他の生産者の対応や需給の動向について十分な情報があれば生産過剰による価格の暴落を防ぐことも可能になると考えられます。また，高値の後には生産過剰による価格下落が生じるという経験を生かして合理的に行動することができますと，くもの巣理論が示すような価格変動をまぬがれることができると考えられます。

つまり，くもの巣理論においては，需要には時間のズレがなく，t期の需要量D_tはその期の価格P_tに依存して決まります。

$$D_t = D(P_t)$$

一方，供給には時間のラグ（遅れ）がありますから，t期の供給量S_tは$t-1$期の価格P_{t-1}にもとづいて，決定されることになります。

$$S_t = S(P_{t-1})$$

この場合，供給者は1期後の価格，つまりt期の価格を予想しなければなりませんが，くもの巣理論では，供給者は$t-1$期と同じ価格がt期にも成立すると予想するものと仮定されています。これを**静学的期待形成仮説**といいます。
　そこで，市場は需要と供給が一致するところで均衡しますので，

$$D(P_t) = S(P_{t-1})$$

となります。これをもとにして，初期の価格P_0が与えられると図19-7に示されるように，$t=1$，2，3，……と時が経つにつれて，需要増加→価格上昇→供給量増加→価格低下→供給量減少……というような過程を経てくもの巣循環を形成していくことになります。

20 完全競争市場の効率性

価格の役割

これまで，需要および供給を決定する要因を説明し，完全競争市場における価格と生産量の調整についてみてきました。これまで検討してきましたように，自由な競争市場における価格メカニズムの役割の1つは需給の調整にあるということでした。その基本的な役割については，すでに詳しく説明しました。

ここでは，価格メカニズムのもう1つの役割である資源の効率的配分の機能についてみていきます。

消費者余剰と生産者余剰

市場の価格メカニズムによる資源の効率的配分の問題は経済余剰の概念を用いて説明していくことができます。

経済余剰　　まずはじめに，余剰という言葉の意味について説明しておきます。これまで学習してきましたように，市場における経済活動は，家計の消費活動と企業による生産活動からなっていますが，家計にしても企業にしても経済活動の目的は自己の利益の追求にあると考えられます。つまり，利益があるから活動するということです。

この利益を**経済余剰**と呼ぶことができます。この経済余剰は家計と企業の双方の活動に生じると考えることができますが，このうち家計の側の余剰を消費者余剰とよび，企業側に生じる余剰を生産者余剰と呼びます。両方の余剰の合計を**総余剰**といいます。

消費者余剰にしても生産者余剰にしても，いずれも経済活動にもとづく収入

図20-1 消費者余剰

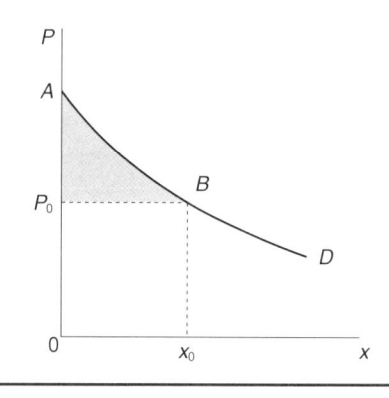

① 各需要量に対応する価格の高さは，消費者の財に対する評価の大きさを表すとみることができます。
② したがって，需要曲線上の価格は財に対する限界評価を表します。
③ 価格を P_0 とすると，限界評価の総額 $0ABx_0$ と，支払った額 $0P_0Bx_0$ の差である ABP_0 が消費者余剰となります。

と費用の差としての利益と考えることができますので，余剰が大きければ大きいほど効率的な資源配分がなされていると考えられます。

消費者余剰 総余剰のうち，消費活動によってもたらされる**消費者余剰**については，需要曲線を用いて表すことができます。

これまでの消費者行動の分析からわかりますように，消費者は需要曲線上で各々の価格に応じて消費するときに最も合理的に行動しているといえます。この場合には，縦軸に測った価格に対して横軸に測った需要量がどれだけかを表すことになりますので，需要曲線を縦軸から横軸の方向に——つまり，水平に——読むことになります。

余剰を考える場合には，これまでとは逆に需要曲線を横軸から縦軸の方向に——つまり，垂直に——読むことになります。これは消費者が購入する財の各単位に対してどれだけの評価をしているかをみるためです。

需要曲線上の高さは，各々の需要量に対応する価格を表していますが，それは消費者が新たに購入しようとする消費財・サービスの追加1単位から得られる限界効用を金額で表示したものとみることができます。つまり，価格の高さは，消費者がその財を得るために払ってもよいと考える**限界評価**の大きさであると考えることができます。

図20-2　生産者余剰

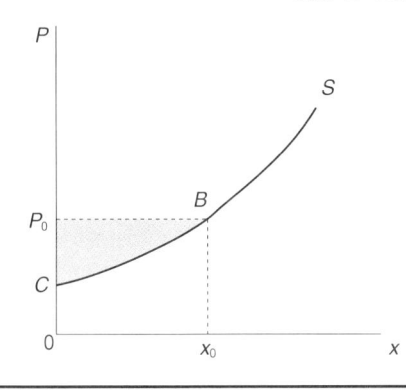

① 価格が P_0 に決まると供給量は x_0 となります。
② このとき，総収入は $0P_0Bx_0$ であり，限界費用の合計としての総可変費用は $0CBx_0$ となります。
③ それゆえ，利潤＋固定費用である生産者余剰の大きさは CP_0B となります。

　ここから消費者余剰を導き出すことができます。図20-1に需要曲線が描かれています。いま，価格を P_0 としますと，需要量は x_0 となりますので，x財を消費することによる効用全体の大きさ，つまり限界評価の総額は図の $0ABx_0$ の面積になります。

　一方，消費者がこの x_0 を手に入れるために実際に支払わなければならない金額は $0P_0Bx_0$ となります。そこで，消費者が支払ってもよいと考える額 $0ABx_0$ と実際に支払う額 $0P_0Bx_0$ の差である ABP_0 の面積が消費者余剰となります。

　価格 P_0 のときには，x_0 の消費により消費者余剰は最大になりますので，消費者は最も無駄なくお金を使っているという意味で資源は最適に配分されているということになります。

生産者余剰　　生産者余剰は利潤と固定費用の和と考えることができます。これは，供給曲線を用いて表すことができます。利潤最大化をめざす企業は，価格が与えられると右上がりの供給曲線に沿って生産量を決定すると考えられます。したがって，供給曲線は各価格水準において，供給量がどれだけあるかを表しています。

　供給曲線は限界費用曲線ですから，それは各供給量における限界費用の大きさを示すものであるとみることもできます。そこで，図20-2のように右上がり

図20-3　競争均衡と社会的厚生

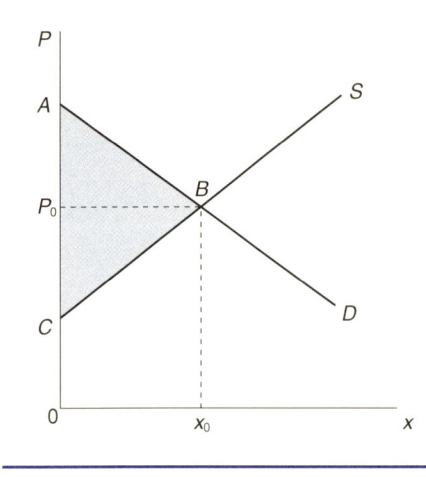

① 完全競争のもとでは価格メカニズムの作用により需給はB点で均衡します。
② このときの消費者余剰はABP_0であり、生産者余剰はCP_0Bとなります。
③ ゆえに、総余剰、すなわち社会的厚生の大きさはABCとなります。

の供給曲線を描きますと、価格がP_0の場合には供給量はx_0となります。この場合、企業の総収入は価格P_0と供給量x_0をかけた値ですから、図の上では$0P_0Bx_0$の面積となります。一方、供給曲線の高さは供給量x_0における限界費用の大きさを表しますので、限界費用を合計した面積$0CBx_0$はその供給量における可変費用の大きさを表すことになります。そこで、総収入から可変費用を差し引いたCP_0Bの面積が生産者余剰の大きさということになります。

市場の効率性

競争均衡と社会的厚生　これまで消費者余剰と生産者余剰についてみてきましたが、この２つの余剰の合計である総余剰を**社会的厚生**といいます。市場取引を通じてこの社会的厚生が最も大きくなるときに、市場は効率的であるといいます。

　次に、完全競争市場においては社会的厚生が最大になるという意味で市場が効率的になるということをみていきます。図20-3には市場の需要曲線と供給曲線が描かれています。完全競争市場においては価格メカニズムの働きによって需給は均衡し、価格はP_0に、取引量はx_0に決定されることになります。

図20-4 価格規制と社会的厚生

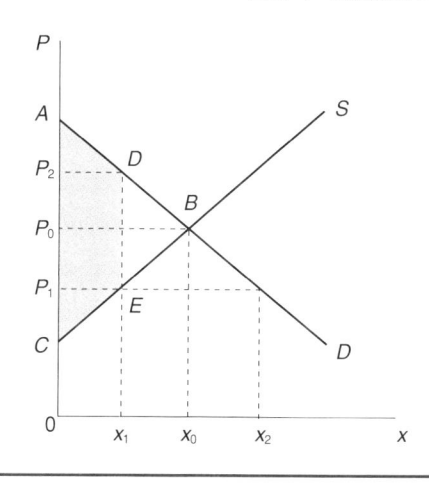

① 価格がP_1に規制されると消費者余剰は$ADEP_1$となり、生産者余剰はP_1ECとなります。
② 総余剰は$ADEC$となりますので、完全競争と比べて社会的厚生がDBEだけ少なくなります。
③ 独占市場で、価格がP_2に設定されますと、消費者余剰はADP_2、生産者余剰はP_2DECとなり、総余剰は$ADEC$となります。この場合も社会的厚生はDBEだけ少なくなります。

この場合、消費者余剰はABP_0となりますし、生産者余剰はP_0BCとなります。それゆえ、両者の合計である総余剰、つまり社会的厚生の大きさはABCとなります。

価格規制と社会的厚生 次に、価格が規制されている場合、社会的厚生がどうなるかをみていきます。たとえば政府によって価格が市場価格以下に規制される場合を考えてみましょう。図20-4に示されるように、価格がP_1に規制されますと、需要はx_2となりますが、供給はx_1に減りますから、x_1 x_2だけ超過需要が発生することになります。この場合、価格はP_1に規制されていますので価格調整によって需給を調整することはできません。そこで、商品によっては供給が足りないために、人々は長い行列をつくることになります。

これを社会的厚生の観点からみてみますと次のようになります。この市場では、x_1しか供給されませんから、実際に取引されるのはx_1ということになります。そこで、消費者余剰は$ADEP_1$となり、生産者余剰はP_1ECとなります。したがって、総余剰は$ADEC$となりますから、完全競争の場合と比べてDBEだけ総余剰が少なくなることがわかります。

さらに，独占市場が存在する場合にも社会的厚生は減少します。たとえば，独占企業によって価格がP_2に設定され，生産量がx_1であるケースをみてみます。図20-4において，消費者余剰はADP_2となり，生産者余剰はP_2DEC となります。それゆえ，総余剰は $ADEC$ となります。この場合も完全競争と比べますと，DBE だけ社会的厚生が少なくなってしまいます。

　それゆえ，社会的厚生が最大になるという意味で，完全競争市場は効率的であるといえます。このように，**効率的**という意味は単に安い費用で生産するということではなく，総余剰が最も大きいということであるという点に注意しておく必要があります。

　なお，社会的厚生が最大という意味での効率性の問題は，余剰が誰にどのように分配されるかという分配の公平性とは別の問題です。社会的厚生の最大化をはかるということは，いわば利潤をできるだけ大きくするということであり，その分配をどうするかということは別の視点から考える問題ということになります。

第5部　不完全競争市場

21　市場構造と不完全競争市場

市　場　構　造

これまでは，完全競争市場を前提として，需要・供給の調整と市場の効率性についてみてきました。しかし，現実の市場を考えてみますと，完全競争の条件が成立する市場はそれほど多くありません。先に挙げた完全競争の5つの条件のうち，1つの条件でも欠けますと市場の競争は不完全となります。

　完全競争市場では，市場参加者は市場で成立する価格にもとづいて需給を調整するプライス・テーカーとして行動すると想定されています。このような完全競争に対して，競争が不完全になり，消費者にしても生産者にしても価格を支配する力を有する状況を**不完全競争**といいます。

　不完全競争となる場合の要因を生産者，すなわち企業についてみますと，その1つは，企業の数が多数という条件が満たされない場合です。企業数にしたがって不完全競争を分類すれば，独占（1社），複占（2社），寡占（少数）に分けることができます。

　また，たとえ企業が多数存在するとしても，買手のえりごのみや，企業の製品差別化などにより，完全競争の条件のうち財の同質性の仮定が満たされない場合にも，企業は独占的な立場に立って商品を売ることができます。このような場合を**独占的競争**といいます。

　完全競争市場と対比させながら不完全競争における**市場構造**を，企業数，価格支配力，製品差別化の程度に分けますと，表21–1のように示すことができます。

表21-1　市　場　構　造

市　　　場		企 業 数	価格支配力	製品差別化	実　　　例
完　全　競　争		多　　数	な　　し	な　　し	農業，漁業
不完全競争	独占的競争	多　　数	多少あり	あ　　り	コンビニ，レストラン
	寡　　占	少　　数	あ　　り	あり・なし	自動車，ビ ー ル
	独　　占	1　社	あ　　り	な　　し	タバコ，電力

市場構造の変質

現在では，多くの産業が企業の数が少ないという意味で不完全競争市場となっていますが，市場が不完全競争の状況になることについては大きく2つの理由を考えることができます。

　1つは，資本主義経済の発展とともに，競争を通じて弱小企業が淘汰され，少数の大企業が市場を独占していく過程を考えることができます。

　アメリカを例に挙げてみますと，19世紀末から20世紀のはじめにかけて市場は競争から独占へと変質していきました。たとえば，企業合同の結果，アメリカ最大の鉄鋼会社 US スティールができたのは1901年です。また，スタンダード石油は，1885年から1911年まで，アメリカ石油の90％を占めていました。

　さらに，アメリカを代表する産業である自動車を例をとってみますと，20世紀初頭には資本額が少なく自由参入が可能であったために，60社を超える企業が自動車の生産を行っていました。これが1920年代になりますと，多くの企業が競争に敗れて脱落していき，企業数が急速に少なくなるとともに1社当たりの資本額が巨大となり，自由参入の障壁が高くなっていきました。結果として，アメリカの自動車産業は，フォード，クライスラー，ゼネラル・モーターズという三大会社によって市場が占拠されるということになりました。

　このように，とくに主要な産業については自由競争がしだいに不完全競争市場を形成していくとみることができます。しかし，どこの国でもこのような過程を経るとはかぎりません。

表21-2　わが国の生産集中度

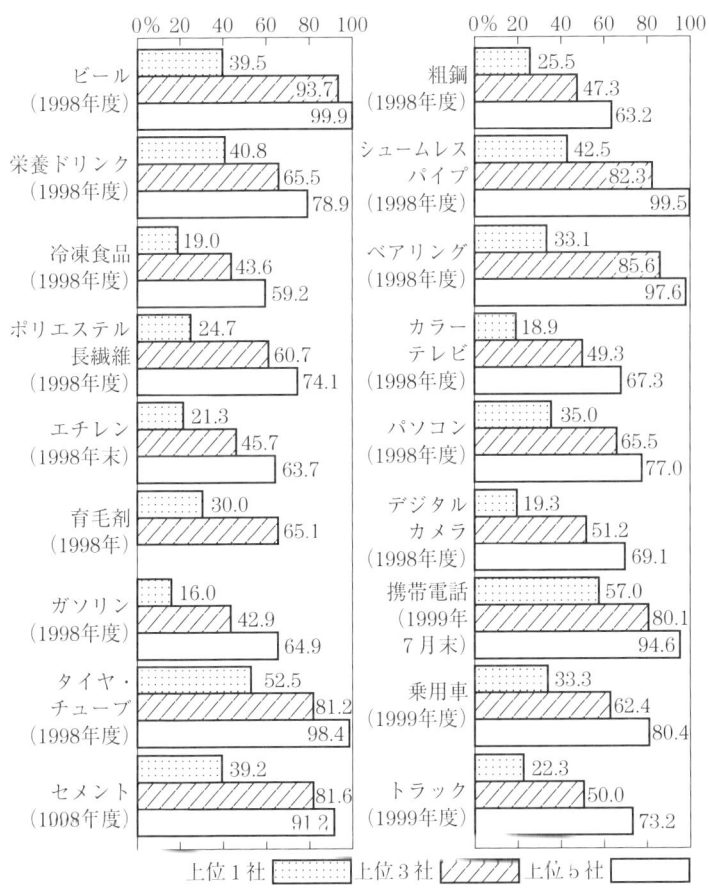

品目	上位1社	上位3社	上位5社
ビール（1998年度）	39.5	93.7	99.9
栄養ドリンク（1998年度）	40.8	65.5	78.9
冷凍食品（1998年度）	19.0	43.6	59.2
ポリエステル長繊維（1998年度）	24.7	60.7	74.1
エチレン（1998年末）	21.3	45.7	63.7
育毛剤（1998年）	30.0	65.1	—
ガソリン（1998年度）	16.0	42.9	64.9
タイヤ・チューブ（1998年度）	52.5	81.2	98.4
セメント（1998年度）	39.2	81.6	91.2
粗鋼（1998年度）	25.5	47.3	63.2
シームレスパイプ（1998年度）	42.5	82.3	99.5
ベアリング（1998年度）	33.1	85.6	97.6
カラーテレビ（1998年度）	18.9	49.3	67.3
パソコン（1998年度）	35.0	65.5	77.0
デジタルカメラ（1998年度）	19.3	51.2	69.1
携帯電話（1999年7月末）	57.0	80.1	94.6
乗用車（1999年度）	33.3	62.4	80.4
トラック（1999年度）	22.3	50.0	73.2

東洋経済新報社「東洋経済統計月報」(1999年10・11月号)による。乗用車とトラックは日本自動車工業会「自動車統計月報」(2000年1月号)で軽四輪車を含む生産数量における集中度。ただし、ビールは課税出荷数量、冷凍食品は出荷額、ポリエステル長繊維は設備能力、エチレンは生産能力、栄養ドリンク、ガソリン、セメント、デジタルカメラは販売数量、育毛剤、ベアリングは販売額、カラーテレビ、パソコンは出荷数量、携帯電話は累計の加入台数による。

〔出所〕日本国勢図会 2000/2001　第58版、国勢社

21　市場構造と不完全競争市場

たとえば，わが国の場合をみてみますと，たしかに競争を通じて少数の大企業が形成されるという過程を経る産業もありますが，先に少数の大企業が設立され，そこに後から新たな企業が参入し，競争が激化するというケースもあります。その典型的な例としては乗用車の生産があります。昭和24年にGHQが乗用車の生産制限を解除したとき，生産できるのはトヨタと日産の2社だけでした。その後，昭和30年代にかけて後発メーカーが加わり競争は激化していきました。このような経過をたどった自動車メーカー各社は，時代の変化に応じて資本提携や業務提携を行いながら，世界でも類のない11社体制を堅持しつつ今日に至っています。

もちろん，わが国においても，競争の結果小さな企業が敗れ，大企業が出現するようなケースも数多くあります。最近の例としては，流通面に関して，個人の零細な小売店がしだいに姿を消していくなかで急成長してきた大型小売店の出現を挙げることができます。

いずれにしても，現在のわが国の市場をみますと，表21-2の「わが国の生産集中度」に示されますように，多くの産業で3社から10数社といった少数の大企業によって市場が占有されています。まさに，主要な産業の多くが寡占市場を形成しているということがよくわかります。

少数の企業，あるいは文字どおり1社による独占市場が形成されるもう1つの理由は，国家が公益上の理由から企業数を制限する場合です。わが国を例にとってみますと，たとえば，専売公社による塩の生産があります。

そのほか，政府によって参入がコントロールされているために特定の企業が独占的地位を保つことができる例は少なくありません。たとえば，空路，空港リムジン，テレビ・ラジオの周波数，CATV会社，有料高速道路事業などがあります。ただし，こうした企業は潜在的な新規参入者からの政府の保護に対する見返りとして，価格，提供するサービスの質と範囲などについて，規制を受けざるをえません。

また，電力，ガス，鉄道などは**地域独占**といわれ，独占的立場で活動しています。これらの企業については，独占企業という意味で価格支配力が大きいと

考えられますが，一方，公益性という点で政府の規制の対象となっているという面もあります。

製品差別化

現代における不完全競争市場を考察する場合に注目すべきもう1の点は，企業による製品の差別化です。

　現代の企業は，同じ種類の商品であっても品質やサービス，あるいはデザイン，ブランドといった面で他の企業の製品との差別化をはかっています。

　たとえば，レストランのように同じ地域で多数のお店が競争している場合でも，味のよさやサービスによって差別化をはかることができます。これに成功しますと，ある程度の固定客を確保することができますので，多少値段が高くても一定のお客をもつことができます。独占的競争がこのケースにあたります。

　また，表21-1に示しましたように，不完全競争の中でも独占の場合には市場に1社しかありませんので製品の差別化は必要ありませんが，少数の大企業からなる寡占市場の場合には差別化による競争が存在します。とくに，自動車やビール，家電メーカーなどの製品をみますと，品質やデザインの面で製品差別化をはかるとともにテレビ，ラジオ，雑誌などのマスコミを通じての広告・宣伝によってその徹底をはかっています。

　このように，現代の産業の多くは不完全競争のもとで活動しています。そこで，次章以下において，不完全競争市場における企業の行動や価格決定をみていきます。

22 独占市場

独占企業の行動

市場に1社しか企業が存在しない場合，その企業を**独占企業**といいます。ここではこの独占企業の価格と生産量の決定をみていきます。

企業行動としては，独占企業も完全競争企業と同様に利潤最大化を求めて生産活動を行うと想定することができます。利潤は総収入から総費用を引いた差ですから，独占企業もその差を最大にするように行動すると考えられます。この場合，費用関数については独占企業も競争企業と変わりませんので，これまでの個別企業についての費用分析をそのまま用いることができます。しかしながら，収入面に関しては競争企業の場合と異なることに注意する必要があります。

独占企業の需要曲線

完全競争市場の場合には，個々の企業は規模が小さく，個別企業の生産量決定が市場価格に影響することはないと考えられていました。またそこでは，企業は価格（限界収入）と限界費用が一致するように生産量を調節すれば，利潤最大化を実現できると想定されていました。これは，与えられた市場価格のもとで生産したものはすべて販売することができるということを意味しています。それゆえ，完全競争市場における個別企業の需要曲線は市場価格の水準で水平な直線として描くことができました。

これに対し，独占企業が直面する需要曲線は右下がりとなります。独占企業は市場に1社しかありませんので，その供給量が総供給量になります。一方，需要量についても1社で市場全体の需要量を引き受けることになりますので，

直接右下がりの市場需要曲線に直面することになります。したがって，市場需要曲線がそのまま独占企業の個別需要曲線になります。

完全競争企業のように，個別需要曲線が水平な場合には，価格支配力がありませんので，勝手に価格を引き上げますと，すべての需要を失ってしまうことになります。これに対して，独占企業の場合には，それほど需要を失うことなく右下がり需要曲線に沿って価格を上げることができます。需要曲線に沿って価格を変化させることができるというのが価格支配力です。

総収入と限界収入

独占企業の需要曲線が右下がりであることがわかりましたので，ここから生産量と収入の関係についてみていくことができます。

総収入 総収入 TR は，価格 P と生産量 x の積として次のように表されます。

$$TR = P \cdot x \qquad \cdots\cdots ①$$

この点では完全競争企業と同じですが，独占企業の場合には生産量の増加につれて市場価格が需要曲線に沿って低下していきます。

平均収入 総収入 TR を生産量 x で割りますと，平均収入 AR が得られます。$TR = P \cdot x$ ですから，

$$AR = \frac{TR}{x} = \frac{P \cdot x}{x} = P \qquad \cdots\cdots ②$$

となります。ただし，生産量の増加につれて価格は低下しますので，図22-1に示されるように，AR 曲線は右下がりとなります。なお，AR は各販売量における価格を表す需要曲線 D でもあります。

図22-1 平均収入と限界収入

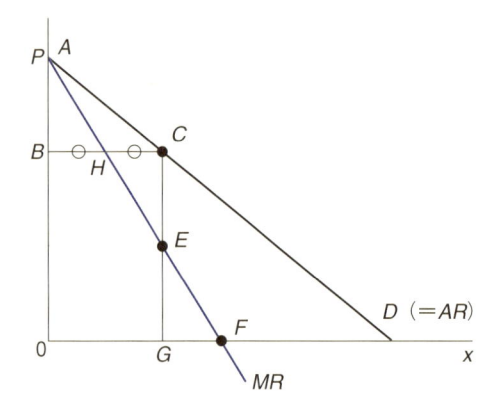

① 平均収入曲線ARは右下がりとなります。これは需要曲線でもあります。
② 限界収入曲線MRはARの左下に位置することになります。MRは総収入曲線の接線の傾きを表しますので、TRがピークになるところでゼロ（F点）となります。
③ 需要曲線から限界収入曲線MRを導くことができます。C点に対応する限界収入は、E点となります。需要曲線のすべての点についてMRを求めますと、MR曲線が導出できます。

限界収入　　限界収入 MR は、生産量の増分に対する総収入の増分 $\dfrac{\Delta TR}{\Delta x}$ ですから、総収入を生産量で微分した値として求めることができます。完全競争の場合には、限界収入は価格 P に等しくなりましたが、独占企業の場合には、価格自体が生産量の関数ですから、MR は、

$$MR = \frac{d(TR)}{dx} = \frac{d(P \cdot x)}{dx} = P + \frac{dP}{dx} \cdot x \qquad \cdots\cdots ③$$

となり、$\dfrac{dP}{dx} \cdot x$ の分だけ価格より小になります。それゆえ、図22-1に示されていますように、限界収入曲線 MR は価格の高さを表す平均収入曲線 AR の下方に位置することになります。なお、限界収入の大きさを総収入曲線上でみる場合には、完全競争の場合と同様に TR 線の接線の傾きで表すことができる点に注意しておく必要があります。

平均収入と限界収入　　③式より、限界収入曲線 MR は平均収入曲線 AR の下方に位置することがわかりましたが、両曲線の関係は図22-1にもとづいて次

のように証明することができます。

たとえば，図22-1の AD で表される需要曲線（**平均収入曲線**）上の C 点に対応する限界収入を求めてみます。そのために，C 点から縦軸に垂線 BC を引き，BC の中点を H とします。次に，A と H を結ぶ直線を描き，C 点から横軸に引いた垂線 CG と交った点を E とします。このとき，EG が C 点に対応する限界収入になります。

なぜなら，図22-1において需要曲線上の C 点の傾きは $\frac{AB}{BC} = -\frac{dP}{dx}$ です。さらに，BC は生産量 x の大きさを表します。それゆえ，$AB = -\frac{dP}{dx} \cdot x$ となります。さらに，CG は価格 P を表し，また $AB = CE$ となりますので，

$$EG = CG - CE = P + \frac{dP}{dx} \cdot x \qquad \cdots\cdots ④$$

が得られます。それゆえ，$EG = MR$ となることが確認できます。以上のことは，AD 線のどこから出発してもこの手順で MR が得られますので，AF が限界収入曲線であることが証明できます。

独占価格の決定

利潤最大化の条件　　収入の動きがわかりましたので，独占企業における価格と生産量の決定についてみていくことができます。

利潤 π は総収入 TR から総費用 TC を差し引いたものですから，

$$\pi = TR - TC$$

となります。利潤最大化は π を生産量 x で微分してゼロとおくことによって得られます。

$$\frac{d\pi}{dx} = \frac{d(TR)}{dx} - \frac{d(TC)}{dx} = 0 \qquad \cdots\cdots ⑤$$

ゆえに $\frac{d(TR)}{dx} = \frac{d(TC)}{dx}$ となります。つまり，独占市場においても，利潤最大化の条件は完全競争市場と同様に，限界収入＝限界費用となります。ただし，限界収入と価格は等しくありませんので，$P = MC$ とはならない点に注

意する必要があります。

その結果，独占企業は MR と MC とが均等になるように生産量を定め，個別需要曲線上で $MR=MC$ に対応するところに価格を設定することが最も有利となります。

独占利潤　　独占市場において，利潤最大化をもたらす生産量の決定は，図によって示すことができます。図22-2には，総収入 TR と総費用 TC の曲線が描かれています。TR 曲線は上に凸の曲線になっています。TC 線は費用条件に変化がありませんので，完全競争市場と同じものです。

TR と TC の垂直差がこの企業の総利潤であり，それは TR の傾き（A 点）と TC の傾き（B 点）が等しいところで最大となります。言うまでもなく，そこでは TR 線の傾きである限界収入 $\dfrac{d(TR)}{dx}$ と TC 線の傾きである限界費用 $\dfrac{d(TC)}{dx}$ が等しくなっています。

以上の内容は，図22-3のように限界値を使って示すことができます。この企業の需要曲線である平均収入曲線 AR と，限界収入曲線 MR は，右下がりの曲線となります。平均総費用曲線 ATC と限界費用曲線 MC は，完全競争の場合と同様に U 字型となります。ここで，利潤最大化をもたらす生産量は，MR と MC の交点 F によって x^* に決定されます。このとき価格は，F 点に対応する需要曲線上の E 点の高さ P^* に決定されます。この図では，最大利潤は四角形 P^*EQP_1 の面積で示されることになります。

なお，独占企業の利潤を最大にする価格と生産量の組み合わせを示す E 点を，**クールノーの点**と呼んでいます。

ラーナーの独占度　　すでにみましたように，完全競争では価格 P と限界費用 MC が等しいところで利潤が最大となりますが，独占市場の場合には，P が MC を上回ります。

そこで，企業の市場支配力が大きければ大きいほど P が MC を上回る度合いが大きいことに注目し，独占の程度を測ろうとするものに**ラーナーの独占度**

図22-2 利潤最大化をもたらす生産量の決定

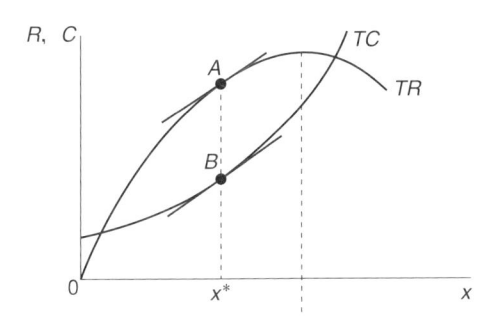

図22-3 独占価格の決定

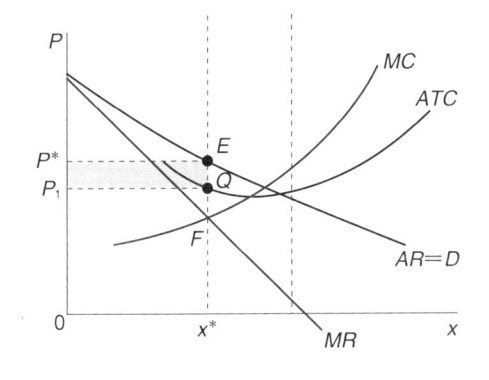

① 総収入TRと総費用TCの差が利潤となります。
② 利潤が最大になるのはTRとTCの差が一番大きいところです。それはTRの傾き（MR）とTCの傾き（MC）が等しくなるところです。
③ したがって，x^*で生産すると利潤は最大となります。
④ 利潤最大化の条件は$MR=MC$ですから，図22-3ではF点が利潤最大化の点になります。
⑤ 以上のことから，価格はF点に対応する需要曲線上のE点（クールノーの点）の高さであるP^*に決定されます。
⑥ このとき，独占利潤は四角形P^*EQP_1となります。

があります。これは次の式で表されます。

$$独占度\ U = \frac{P - MC}{P} \qquad \cdots\cdots ⑥$$

　つまり，完全競争の場合には，$P=MC$であるために，独占度Uはゼロになります。独占企業の場合には$P>MC$となりますから，独占度を測定することができます。
　なお，この独占度は需要の価格弾力性の逆数として表すことができます。独占市場の利潤最大化条件は，$MR=MC$ですから，

$$\frac{d(TR)}{dx} = \frac{d(TC)}{dx}$$

となります。これは次のように書けます。

$$P + \frac{dP}{dx} \cdot x = MC$$

左辺を P でくくりますと，

$$P\left(1 + \frac{x}{P} \cdot \frac{dP}{dx}\right) = MC$$

となります。ここで，左辺の $\frac{x}{P} \cdot \frac{dP}{dx}$ は需要の価格弾力性 $\eta = -\frac{P}{x} \cdot \frac{dx}{dP}$ の逆数ですから，上の式は，

$$P\left(1 - \frac{1}{\eta}\right) = MC$$

と変形することができます。ゆえに，

$$\frac{1}{\eta} = \frac{P - MC}{P} = U$$

となります。

　独占度を需要の価格弾力性の逆数で表現する意味は，独占度の大きさを需要曲線の傾きによって分けることができるということです。

　完全競争の場合には，個別企業の需要曲線は水平になります。これは価格弾力性が無限大（$\eta = \infty$）であることを意味しています。したがって，独占度は限りなくゼロに近づくことになります。需要曲線が垂直に近づくにつれて，η の値もゼロに近づきますので，U の値がしだいに大きくなります。

　以上のことから，独占企業の直面する市場の需要曲線の弾力性が小さいほど，市場を支配する力が大きいといえます。

23　独占企業と価格差別

利潤最大化行動

前章では独占企業の価格と生産量の決定についてみましたが，これまでは，独占企業は生産物を1つの市場で同一価格で販売すると仮定してきました。

しかしながら，利潤の最大化をめざす独占企業は需要条件のちがいに目をつけて，同じ商品に異なる価格を付けて異なる顧客に販売することがあります。これが，独占企業の**価格差別**です。

価格差別の例は日常生活においてもよく観察されます。たとえば，映画館での学生割引や子供割引，遊園地での子供割引，航空運賃の早割料金や電車の子供料金があります。電力も民生用より産業用の方が安くなっています。さらに，電話料金には夜間割引があります。

ここに例として挙げた企業は，地域独占にある電力会社を除けば，いずれも1企業しかないという意味での独占企業ではありません。しかし，顧客にとって利用しうる企業が限定されているために，その地域内ではある程度の価格支配力を有しています。その意味では，独占的立場で行動しうる企業であるといえます。

このような価格差別化の戦略は独占企業の利潤最大化行動にもとづいていますが，ここでの価格の差別化は，費用の差によるのではなく需要条件のちがいによるものであることに注意する必要があります。同じ生産物でも費用のかさむ顧客に対してほかよりも高い価格で売るのは，需要の違いを反映しているわけではありませんので，価格差別とはいいません。

151

価格差別化

価格差別化　独占企業は価格支配力をもっていますので，すべての市場において同一の価格を設定することができます。それにもかかわらず，あえて価格差別を行うのは，市場によって需要条件が異なる場合には，同一価格で販売するよりもより大きな利潤が見込まれるからです。

ここで重要なことは，価格差別による利潤最大化のための基本的ルールは，その企業が生産物を異なる市場で販売する場合，各市場における限界収入が等しくなるということです。なぜなら，もしA市場での限界収入がB市場での限界収入よりも大きい場合には，B市場で販売する分をA市場にまわすことによって総利潤を増加させることができるからです。

したがって，利潤最大化をもたらす総生産量は，各市場における限界収入がこの企業の限界費用と等しくなる水準で決定され，各市場の価格は，この条件を満たす生産量に応じてそれぞれの市場で需要曲線上のクールノーの点に応じて設定されることになります。

このことを図によって表すと次のようになります。図23-1において，(a)と(b)にはそれぞれ市場Aと市場Bの需要曲線D_1，D_2とそれに対応する限界収入曲線MR_1，MR_2が描かれています。(c)には2つの市場の限界収入曲線を合計したものと限界費用曲線が描かれています。ここで，限界費用MCは単純化して生産量にかかわらず一定と仮定されています。この仮定は，多くの大企業について現実に妥当すると考えられます。

この独占企業の総生産量は，図(c)に示されるように，利潤最大化の条件である$MR=MC$を実現するx_1+x_2に決定されます。

企業はこの生産量全体を需要条件の異なる2つの市場に分けて販売するわけですが，すでに述べましたように，利潤を最大化するための配分の条件は2つの市場の限界収入が等しくなるということです。すなわち，

$$MR_1=MR_2=MR \qquad \cdots\cdots ①$$

となります。

図23-1 価格差別

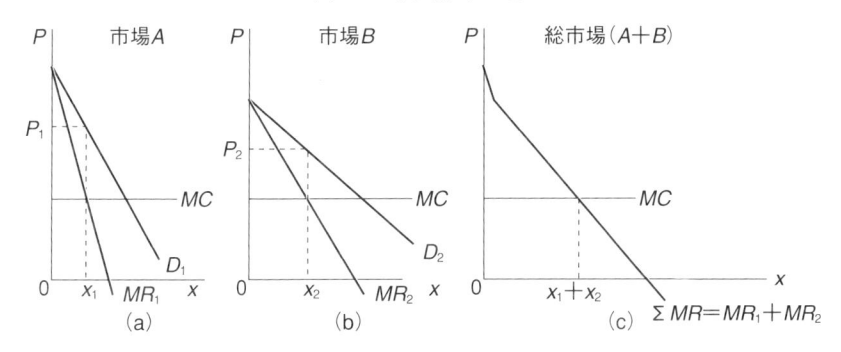

(a) 市場A / (b) 市場B / (c) 総市場(A+B)

① 独占企業の総供給量は，図(c)で$MR=MC$となるx_1+x_2に決定されます。
② 需要の価格弾力性が小さい市場Aでは，$MR_1=MC$に対応して，総供給量のうち，x_1がP_1の価格で供給されます。
③ 価格弾力性の大きい市場Bでは，市場Aよりも安いP_2の価格でx_2の供給が行われます。

そこで，市場Aでは，販売量を$MR_1=MC$となるx_1に決定し，市場Bでは$MR_2=MC$となるx_2に決定します。各市場での生産物の価格は，各々の需要曲線D_1，D_2に対応してP_1，P_2に決まります。

このように，総生産量を，市場Aにx_1，市場Bにx_2だけ配分することにより，利潤は最大化されます。ここで注意すべきことは，限界費用はA，B両市場とも同じであるにもかかわらず，価格は市場A（P_1）の方が市場B（P_2）より高いということです。これが価格差別の典型的な例です。

価格差別と需要の価格弾力性 これまで，価格差別は需要条件のちがいによるとしてきましたが，次にこの需要条件のちがいの内容についてみておきます。

図23-1の(a)，(b)をみますと，需要曲線D_1とD_2ではD_1の方がD_2より需要の価格弾力性が小さくなっています。これが価格P_1とP_2の高さのちがいをもたらします。つまり，弾力性が小さく，価格変化に対する需要の反応が小さい市場では高い価格がつけられ，弾力性が大きく，価格変化への反応が大きい市場

では価格は低く設定されることになります。したがって，価格差別は需要の価格弾力性のちがいによって行われることになります。このことは次のように証明することができます。

前章でラーナーの独占度を説明したときに，価格弾力性 η を用いて限界収入を，

$$MR = P + \frac{dP}{dx}x = P\left(1 - \frac{1}{\eta}\right) \quad \cdots\cdots ②$$

と表しています。A,B 両市場の価格弾力性を η_1，η_2 として，この②式を最適配分の条件を表す①式に代入しますと，

$$P_1\left(1 - \frac{1}{\eta_1}\right) = P_2\left(1 - \frac{1}{\eta_2}\right) = MR \quad \cdots\cdots ③$$

が得られます。この③式により，$\eta_1 < \eta_2$ の場合には $P_1 > P_2$ となることがわかります。つまり，弾力性の小さな需要曲線をもつ市場で価格が高くなるということです。$\eta_1 = \eta_2$ であるときには，$P_1 = P_2$ となりますので，価格差別化を行うことはできません。

価格差別の例　　次に，実際の例でその内容を確認しておきましょう。先に例として挙げましたように飛行機や電車，バスには大人料金に対して子供割引があります。その理由の1つはこうした乗り物に対する需要の価格弾力性が大人より子供の方が大きいと考えられるためです。とくに，親子がいっしょに旅行する場合には，旅客輸送サービスの価格弾力性は子供をもたない人のそれよりも大きくなります。子供の方が料金が安いもう1つの理由は，大人より場所をとらないということです。ただし，映画料金の場合には，大人も子供も1人分のイスは同じですから，価格差別の基本的な理由は，価格弾力性のちがいということになります。

また，電力料金の場合にも，産業用料金は民生用よりも安くなっていますが，その理由は，産業用の電力需要の方が価格弾力性が大きいからです。それは産業用の方が電力と他のエネルギー資源との代替が容易だからです。

旅行の料金にも価格差別が行われています。たとえば，海外旅行をする場合すぐに気付くことは，夏休みやお正月前後の料金がその他の月より割高になっているということです。これは，学校や会社の関係で比較的長期の休みがとれるのがこの期間だけだからです。まさに，旅行需要の価格弾力性がこれらの時期に小さくなることが通常以上に料金を高くすることになるのです。

価格差別化の条件

企業が価格を差別化するのは，そうすることによってさらに高い利潤が獲得されるからです。それにもかかわらず，生産物のすべてが差別価格で販売されているわけではありません。食料雑貨をみましても，雑誌やビール，ソフト・ドリンクなどをみましても差別価格での販売は行われていません。価格差別で利潤の拡大が可能ならば，なぜもっと多くの商品に対して価格差別が行われないのでしょうか。それは，価格差別の戦略を成功させるためには条件が必要だからです。

その条件とは，需要の価格弾力性が異なるグループあるいは市場が存在することと，それを容易に見出すことができるということです。たとえば，実際に価格差別化が行われている映画の需要を例にとってみますと，学生や子供料金に割引があるのは，そうした人たちの映画需要の価格弾力性が一般のお客よりも高いからです。一般の人々に比べて価格弾力性が高い理由としては，所得水準が低いことと，時間的に余裕があるということが考えられます。学生や子供のように所得が少ない場合，映画館の入場料が所得に占める割合が大きいので，入場料が低下しますと，実質所得が増加する割合もそれだけ大きくなります。それゆえ，一般人に比べて学生や子供の方が映画入場料が安くなると映画をよく観るようになるのです。

また，一般の人々はお金よりも時間がないという理由で映画館に足を運びませんが，学生や子供は比較的時間に余裕がありますので，その面からも料金が安くなりますと映画に対する需要を増大させると考えられます。しかも，一般の人々との識別も比較的容易です。子供は外見でわかりますし，学生の場合

は，窓口で学生証の提示を求めることができます。

　大人対学生・子供というように価格弾力性の相違によってグループ分けすることを「市場を分割する」といいますが，市場を分割できる場合に，価格差別化の戦略をとることができます。ここに挙げました例以外にも，消費する時間帯や季節でのちがい，国内市場と海外市場など，いくつかの場面で市場を分割することができます。しかし，一般的に多くの場合には，分割できる市場を見極めることはかなり難しいことです。

　価格差別を行うことのできるもう1つの条件は，価格割引を受けられる人々が，割引の対象とならない人々にその品物やサービスを転売できないということです。

　この点でとりわけ問題になるのは，**さや取引**が存在する場合です。さや取引とは，低い価格の付いた市場で買い付け，高い価格の付いた市場で転売する取引のことです。この取引が行われますと，価格差別に対する独占企業の努力は台無しになる恐れがあります。

　独占企業が違った場所で違った価格を付けて販売している品物について，一方の市場で安値で買い付けた品物を2つの市場間の輸送費をまかなったうえに，それを超過する高値で他方の市場で販売できれば儲かることになります。たとえば，みかんが大阪では1キロ当たり200円で小売店に卸され，東京では250円で卸されているとした場合，大阪から東京までのみかんの輸送費がキロ当たり50円以下であれば，大阪でみかんを買い付けて東京へ運び，キロ当たり250円より低い価格で売っても何らかの利益が上げられます。こうした活動に規制がなければ，さや取引を行う賢い商人たちの活動によって東京でのみかんの価格はやがて200円に輸送費を加えた水準まで下がると考えられます。こうなりますと，価格差別化の戦略は意味がなくなってしまいます。

　似たようなことは，先ほどの映画の入場料の例でも考えることができます。たとえば，もし子供や学生が割安の映画チケットを一般の人に転売しようとしますと，一般の人も現行の価格よりも安い価格でチケットを手に入れてしまいますので，価格差別の戦略は崩れていかざるをえなくなります。もちろん，映

画の入場料の場合には，わざわざ手間ひまをかけてチケットの買手をさがすほど割引券と一般の券との差が大きくはありません。したがって，価格差別は有効となります。

　結局，価格差別を実行するためには，異なる需要曲線を有する複数の市場を見極めるとともに，さや取引が行われないか，その取引を防止することができることが前提条件となります。こうした条件がそろえば，独占企業は差別的な価格を設定することで企業の利潤を増加させることができます。

24 独占的競争

独占的競争市場

これまで，完全競争と独占という両極端な市場における価格と生産量の決定についてみてきました。市場構造の分類からわかりますように，私たちをとりまく現実の世界は，多くの産業がこれら両極端なモデルのいわば中間的な市場構造をもっています。

　その1つが，**独占的競争市場**です。これは，完全競争市場のように，同じような種類の生産物を生産・販売している企業が多数存在していながら，他の企業の製品との差別化を行うことによって，特定の企業が市場支配力を確保しうるような市場のことです。したがって，多数の企業が存在していても，そこにおける商品は完全には代替的でない市場ということになります。同様なものを生産しながら他の企業との製品差別化を行う手段としては，ブランドの確立，アフター・サービスの有無，幹線道路沿いや駅に近いといった立地条件のちがい，さらには品質・性能のちがいなどがあります。アメリカにみられる比較広告も差別化を強調するための手段と考えられます。

　このように，独占的競争市場というのは，密接な代替関係をもちながら，差別化された生産物を生産・販売する企業が多数存在する市場のことです。具体的な産業の例としては，小売店，レストラン，ホテル，旅行代理店などを挙げることができます。実際，レストランやホテルなどは，料理の味やサービスのちがいによってある程度の固定客をもつことができます。

理論の形成

完全競争市場と独占の中間に位置する**独占的競争**を分析した研究として最も重要なものは，1930年代に展開されたJ. ロビンソンとチェンバリンによる独占的競争の理論です。

　J. ロビンソンは，1933年に『**不完全競争の経済学**』を著し，需要者の行動に焦点を当てて独占的競争の問題を分析しました。ロビンソンは，その中で主に需要者側の嗜好，惰性，地理的遠近に注目し，たとえ市場に生産者が多数存在するとしても，消費者が何らかの理由によって特定の供給者の生産物に選好をもつならば，その生産者は一種の独占的立場に立って行動できることを論証しました。

　一方，チェンバリンも，ロビンソンと同じ1933年に『**独占的競争の理論**』を著し，独占的競争市場の分析を展開しています。ただし，チェンバリンの場合には，生産者側の行動に焦点を当てて，独占的競争の問題を分析しています。チェンバリンの分析は，生産者が製品差別化を行うことによって，たとえ多数の生産者が存在するとしても，特定の生産者が売手独占の立場に立つことができるというものです。

　ここではロビンソンの理論にしたがって，独占的競争市場における価格と生産量の決定をみていくことにします。

独占的競争の理論

完全競争市場においては，企業は価格支配力をもたず，取引される財も完全に同質的であると仮定されていますので，個々の企業の個別需要曲線は水平となると考えられます。だが，たとえ売手が多数存在する場合でも，何らかの理由で消費者が特定の売手の生産物に嗜好をもつならば，その売手は一種の売手独占の立場に立つことになります。

　たとえば，売手の立地条件のよさやブランド，サービスのよさといったことから，消費者は特定の売手に集中すると考えることができます。その場合には，売手は独占的な立場に立つことができますので，価格を引き上げても顧客

図24-1 短期均衡

図24-2 長期均衡

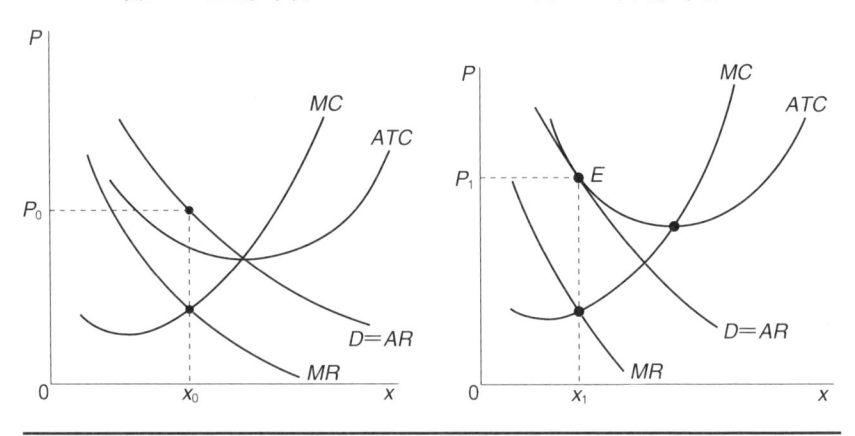

の一部を失うにすぎず，価格を下げれば需要をより増大することができます。それゆえ，個別企業の需要曲線は図24-1に示されるように右下がりとなります。需要曲線は平均収入曲線 AR を示します，それに応じて限界収入曲線 MR も同じように右下がりに描くことができます。

　限界費用曲線 MC と平均総費用曲線 ATC が与えられますと，図24-1からこの企業の最適生産量を示すことができます。利潤最大化条件は，限界収入 MR ＝限界費用 MC ですから，ここでは，生産量は x_0 に決まり，価格は P_0 に決まることになります。

　しかし，市場はここで均衡するわけではありません。図24-1の x_0 では，価格が平均総費用を超えているために，その差額だけ超過利潤が発生していることになります。そこで，この市場にはこの超過利潤を求めて競争相手が参入してきます。競争相手が増えて，生産量が増加すれば，個別企業の需要はそれにつれて減少しますので，需要曲線が左方にシフトします。これは，超過利潤があるかぎりつづいていき，図24-2に示されるように，需要曲線が平均総費用曲線と接するところで利潤がゼロになるために，参入は止まることになります。したがって，ここで均衡することになります。これを「産業の均衡」といいます。このように，独占的競争が行われる場合には，その市場は価格 P_1 と ATC

が一致する点 E で均衡し，それに応じて，生産量が x_1 に決定されます。

これを完全競争の場合と比べてみると，完全競争市場では利潤がゼロとなるのは平均総費用曲線 ATC の最低点ですが，不完全競争市場の場合には均衡点 E は ATC の左上に位置しています。したがって，完全競争市場に比べてより低い生産量しか実現されないために，生産設備の一部は使用されずに遊休化していることになります。それだけ無駄が生じているということであるわけですから，このことをロビンソンは「独占の浪費」と呼びました。

25 寡占市場

寡占市場の特徴

推測と相互依存性 寡占市場とは，少数の大企業からなる市場のことです。その特徴は競争企業の数が少ないために，ある企業の行動が他の企業の収入や利潤にはっきりした形で影響を及ぼすので，自らの行動に対して他の企業がどのように反応するかを推測し合いながら行動するところにあります。

わが国の産業をみましても，ビール，コンピュータ，自動車をはじめとして現実経済における市場の多くは寡占市場となっています。寡占市場の企業は競争相手が自らの行動に対してどのように反応し，それが自らの利潤にどのように影響するかを予想したうえで，自らの行動を決定することになります。まさに，少数企業間における複雑な推測と相互依存性が寡占市場の最も大きな特徴であるといえます。しかも，このことは，各企業がどのように予想しあうかによって，その行動が異なってくることを意味します。そのために，寡占企業の行動を説明する理論は，完全競争や独占市場の理論のように明確な１つの理論から構成されるものではありません。

競争と協調 寡占市場における企業行動は，完全競争や独占市場の企業と異なり一様ではありませんが，それは次のような２つの相反する誘因が働いているからです。その１つは，価格や生産量などについて，互いに協調しあうことによって，寡占企業全体の利潤を高めようとする誘因です。ここでは，競争を制限することが互いの利益になります。もう１つは，競争に勝ち抜くことにより自社の利潤を高めようとする誘因です。この場合には，競争によってライバル企業に打ち勝つことが利益の拡大につながります。このように，寡占企業は

協調と競争という相反する誘因のもとに行動していると考えられます。

そこには推測と相互依存という寡占市場の特徴がみられますが,現実の寡占企業は,価格面では協調的に行動し,価格以外の製品差別化,技術革新,広告・宣伝,販売条件,市場シェアなどでは競争を激化させる傾向がみられます。価格競争から非価格競争への転換と呼ばれるものがこれです。

このような競争形態の変化が生じるのは,寡占市場では,各企業が完全競争の場合と比べて競争相手の影響を非常に大きく受けるからです。たとえば,ある企業が価格を切り下げれば,直ちに他の企業の報復を覚悟せねばなりません。しかも相手がどう出てくるかわかりませんので,泥沼のような価格競争に陥いる可能性もあります。いずれにしても,食うか食われるかの価格競争が,やがて共倒れの危険を招くことは経験上,企業経営者も知っていることです。それゆえ,一般に価格面では協調し,それ以外の面で競争することになるのです。

次に示すような,カルテルやプライス・リーダーシップは,寡占市場において価格競争における混乱を回避するための代表的な価格政策と考えられます。

カルテルとプライス・リーダーシップ

カルテル　寡占市場では,しばしば協調的行動がとられることがありますが,寡占市場の協調的行動の1つに**カルテル**が挙げられます。これは企業間で価格,生産量やマーケット・シェアなどについて協定を結ぶことです。企業間の協定には法的に認められた協定と秘密裏になされるものとがありますが,わが国では一定の条件を備えたカルテル以外は**独占禁止法**によって規制されています。法的に認められたカルテルの例としては,不況カルテル,合理化カルテル,過度競争防止カルテルや輸出入カルテルなどがあります。

こうしたカルテルのうち,ここでは価格がカルテルによって設定されるケースを考えます。**価格カルテル**が結ばれた場合,そのグループはあたかも1つの独占企業であるかのように行動します。このことを図で表しますと次のようになります。

図25-1　カルテル価格

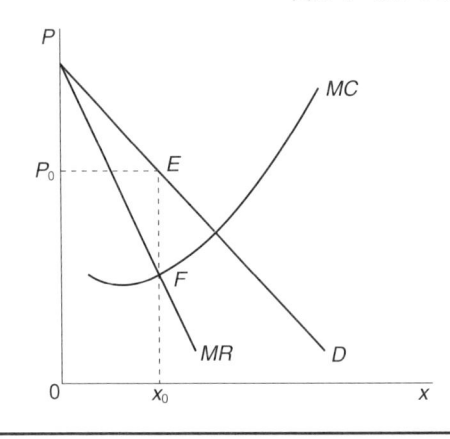

① カルテルが結ばれると，そのグループは1つの独占企業のように行動します。
② それゆえ，需要曲線は右下がりであり，それに対応する限界収入曲線が引かれます。
③ $MR=MC$の利潤最大化条件にもとづき，生産量はx_0に，価格はP_0に決定されます。このP_0がカルテル価格です。

　図25-1において，D曲線は市場需要曲線であり，MRはそれに対応する限界収入曲線です。また，MC曲線は各企業の限界費用曲線を集計した全カルテルの限界費用曲線です。カルテル全体としての利潤最大化の条件は，$MR=MC$ですから，それにもとづいて生産量はx_0に決定され，価格はP_0となります。このP_0がカルテル価格です。

　カルテルを結んだ企業の単位当たり純利潤は，カルテル価格マイナスその企業の単位当たり費用となります。また，利潤総額は単位当たり利潤と各企業の生産量の積に等しくなります。

　カルテルの課題は，全体の生産量を各企業間にどのように割り当て，利潤の配分をどう調整するかということです。なお，一般にカルテルは独占禁止法で違法とされているにもかかわらず，実際にはいわゆる非合法な形のヤミカルテルが広範囲に存在しています。しかし，一方でカルテル・メンバーが増加しますと，カルテル破りが発生する可能性が大きくなりますし，またカルテル・メンバー以外の企業の参入を招くことによってカルテルが崩壊するケースもしばしばみられます。

プライス・リーダーシップ　　今日，わが国では原則としてカルテルは禁止されています。しかし，寡占企業は正式な協定を結ばずに暗黙のうちに協調しあうことによって，カルテルと同様な効果を発揮する場合があります。たとえば，日常生活におきましても，清涼飲料水やビールなどの値上げをみてみますと，一部の企業が値上げすると数日のうちに他の企業もいっせいに値上げに踏み切ります。ここには，暗黙の協調があると考えられます。寡占市場におけるこうした価格政策を**プライス・リーダーシップ**といいます。新聞業界や鉄鋼産業にもこうした動きがみられます。

　プライス・リーダーシップのもとでは，価格は統一されており，費用条件や需要条件が変化したとき，リーダーと認められている有力企業がまず価格を改訂させますと，他の企業がこれに追随して価格を同じ水準まで変化させることになります。これは実質的には価格カルテルと同じ効果をもつことになります。

屈折需要曲線

屈折需要曲線の理論　　寡占企業の製品価格は，原材料価格の上昇により限界費用が上昇してもすぐには変化しない場合がありますし，逆に技術革新などによって限界費用が低下しても下がらないケースがみられます。こうした価格の硬直性も寡占市場の特徴を示すものですが，これを説明する理論としては，P. スウィージーの**屈折需要曲線の理論**があります。

　これは図25-2によって説明することができます。いまこの図において，ある寡占企業が価格P_0のもとでx_0の生産を行っているとします。ここにおいて，寡占企業が価格を引き下げた場合には，他の寡占企業はマーケット・シェアを維持するために価格の引き下げによって対抗手段をとると予想されます。ライバル企業が価格を引き下げて対抗する場合には，この企業の販売量はライバル企業の価格を一定としたときほどには増加しませんので，現行の市場価格からの引き下げについてはBFの部分のように，寡占企業は比較的非弾力的な需要曲線に直面すると考えられます。また，寡占企業が価格を引き上げた場合に

図25-2　屈折需要曲線

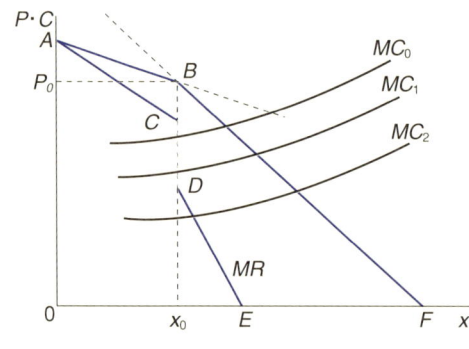

① 需要曲線B点で屈折しているため、AB部分に対応した限界収入曲線はAC、BFに対応した限界収入曲線はDEとなり、CD部分で不連続になります。
② 限界費用曲線（MC_0, MC_1）が限界収入曲線の不連続部分と交差するかぎりクールノーの点はB点となり、価格はP_0に固定されます。

は、競争企業はむしろ価格を引き上げずに従来の価格を維持しようとします。この場合には、この企業の需要量だけが大きく減少することになりますので、寡占企業は価格引き上げについては、AB の部分のように弾力的な需要曲線に直面することになります。

　それゆえ、価格の引き下げは追随されるが、引き上げは追随されないという競争相手の反応に対する弱気な予想のもとで、寡占企業の需要曲線は屈折したABF曲線で表されることになります。需要曲線自体が屈折しているために、限界収入曲線もまた不連続な曲線$ACDE$となります。そこで、限界費用曲線がこの不連続区間 CD を通過しているかぎり、この企業は現行価格 P_0 を動かさない方が有利となります。なぜなら、価格 P_0 を引き上げると $MR>MC$ となり現行利潤は狭められますし、逆に価格を下げれば $MR<MC$ となって現行利潤が侵食されるからです。それゆえ、MC 曲線が CD 間を通過するかぎり、現行価格 P_0 とそのもとでの産出量 x_0 は変化しなくなります。

　たとえば石油などの原材料価格が低下して、限界費用曲線が MC_0 から MC_1 にシフトしたとしても、MC_1 が CD の間を通っているかぎり企業にとっては x_0 の生産量を選択し、価格も P_0 の水準を維持することが有利となります。それゆえ、屈折需要曲線のもとでは、技術やコストの変化にもかかわらず、寡占価格は硬直的となることがわかります。

非価格競争 　屈折需要曲線の理論でみましたように，ある企業の価格引き下げ政策は他の寡占企業に追随されます。ですから，寡占企業間の価格引き下げ競争は，共倒れの危険性が大きいといえましょう。そこで，寡占企業は，広告・宣伝や製品の性能・デザイン・品質・包装・商標の多様化といった，価格以外の競争（**非価格競争**）によって他の寡占企業と競争します。各企業の生産物は同質の製品なのですが，消費者に対して他社の製品と異なったイメージを与えるために，各企業はこのような製品差別化を行います。結果として，企業は自らの製品に対する需要を増やし，利潤を増加させることができると判断するのです。

　こうした，製品差別化の目的は，自社の需要曲線を右方にシフトさせることにあります。しかし，たとえ販売量の増加に成功する寡占企業があっても，通常は他社がこれに対抗措置をとることになりますから，常に優位を維持するためには，さらに製品差別化のための経費を出し惜しむわけにはいきません。したがって，非価格競争面での費用は膨大なものになる可能性があります。

寡占市場における価格変化の要因 　これまで，価格競争が回避される理由を屈折需要曲線の理論を使ってみてきましたが，寡占企業といえども価格競争をしないわけではありません。たとえば，電卓，パソコンなどをみますと著しい価格低下がみられます。また，わが国の自動車産業は世界的にみてもきわめて高い価格競争力を誇っています。

　このように，分野によっては価格競争が重要な戦略となっています。こうした価格変化についても，図25-2の屈折需要曲線によって説明することができます。たとえば，ある産業で技術革新の結果として費用が大幅に低下したとしますと，そのことは図の MC_2 のように限界費用曲線が大幅に下方シフトすることを意味します。その結果，$MR=MC_2$ に対応する需要曲線上での価格は現行価格 P_0 より低くなることになります。

　また，耐久性のある新製品にみられるように，市場全体として需要の価格弾

力性が大きい場合には，各社がいっせいに価格を引き下げたとしても，個々の企業の需要曲線の屈折度合は小さくなります。このことは，現行価格のところで限界収入曲線の不連続幅が小さくなることを意味します。不連続幅が小さいと，技術進歩などによって限界費用が低下した場合，価格も低下する可能性が大きくなります。

寡占企業の価格理論

寡占市場の特徴である価格の硬直性については屈折需要曲線によって説明することができますが，それは寡占価格がなぜ現行水準に定まるかを説明するものではありません。寡占企業の現行価格そのものを説明するのが，本節で展開するフル・コスト原理と参入阻止価格理論です。

フル・コスト原理　寡占企業の価格決定は，製品単位当たりの平均費用とそれに一定のマーク・アップ率をかけたものの和に等しいという仮説を，**フル・コスト原理**といいます。ここで，長期平均費用を A，**マーク・アップ率**を r としますと，価格は次のようになります。

$$P = A(1+r)$$

ところで，フル・コスト原理は費用条件のみを考慮しており，限界収入と限界費用にもとづいて価格と生産量を決める利潤最大化行動に反しているように思われがちですが，実はそうではありません。

利潤最大化条件 $MC = MR$ において，MR を価格 P と需要の価格弾力性 η を用いて表せば，

$$MC = MR = P\left(1 - \frac{1}{\eta}\right) \quad \cdots\cdots ①$$

となります。もし，利潤最大化が平均総費用曲線の最小点で達成されている（長期均衡）としますと，$MC = ATC$ より，

$$ATC = P\left(1 - \frac{1}{\eta}\right) \quad \cdots\cdots ②$$

となり，②を整理すると

$$\frac{P - ATC}{P} = \frac{1}{\eta} \quad \cdots\cdots ③$$

のように表せます。

　③式の左辺は価格に対する利潤マージンを示していますから，利潤最大化原理に即した場合には需要が弾力的であればあるほど，利潤マージン率を小さくするという価格形成が採用されることになります。すなわち，フル・コスト原理は，長期的な観点からみれば，需要状況に対応して利潤マージンが決められるために，利潤最大化行動と合致しているのです。

参入阻止価格

寡占企業の価格設定を説明するもう1つの理論に参入阻止価格があります。どの産業分野においても，新規企業の参入が容易な場合には寡占状態を維持することはできません。このことは，寡占市場が持続している場合，そこには何らかの参入障壁があることを意味します。その1つが**参入阻止価格**です。

　これは，新規企業の平均費用曲線が既存企業のそれよりも上方に位置する場合に，新規企業が正の利潤を上げられないような低い価格を設定するというものです。

　この参入阻止のための価格設定は図を用いて説明することができます。図25-3において，D 曲線は産業の生産物への市場需要曲線です。ここで，この市場に新たに参入しようと計画している企業が，既存企業の設定する価格が P_0 であり，生産量は x_0 であると予想すると仮定します。その場合，その参入企業の直面する個別需要曲線は，価格 P_0 から出発する d_0 曲線となります。なぜなら，価格が P_0 を下回らないかぎり，この企業はプラスの需要量を期待できないからです。ここで市場需要曲線は参入前の既存企業の産出量 x_0 に，この新規参入企業の需要曲線 d_0 を加えたものと考えることができます。

図25-3 参入阻止価格

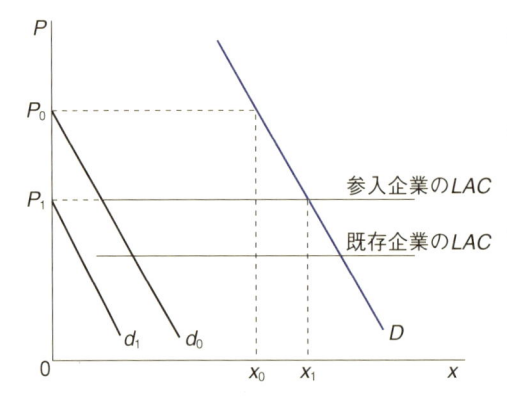

① 価格がP_0の場合，新規参入企業の個別需要曲線はd_0となります。
② P_0は参入企業の長期平均費用LACより高いので参入が可能です。
③ 価格P_1では，プラスの利潤が見込めませんので，新規参入は不可能となります。それゆえ，P_1が参入阻止価格となります。

新たに参入しようとする企業は，自己の費用条件とこの個別需要曲線d_0とを比較して参入するかどうかを決定することになります。なお，収穫不変を仮定しますと，長期平均費用曲線LACは水平な線として描くことができます。

この図において，もし参入前の価格P_0が参入企業のLACよりも高ければ，d_0曲線はLACよりも上方に位置することになりますので，この企業はプラスの利潤を期待して参入を行うと考えられます。しかし，既存企業がフル・コスト原理にしたがって価格を新規参入企業のLACと等しいP_1の水準に設定し，生産量をx_1に決めるとすれば，参入企業の個別需要曲線はd_1の位置になります。この場合には，いずれの価格でもこの新規企業のLACを下回るために，プラスの利潤は得られず，参入を果たすことはできません。それゆえ，P_1がこの場合の参入阻止価格となります。

売上高最大化仮説

寡占市場における企業行動の分析の最後にボーモルによる**売上高最大化仮説**についてみておきます。

寡占市場における企業は，シェアを拡大し，売上高を増大させるために利潤の最大化よりも売上高の最大化を目標として行動するという考え方を売上高最

図25-4　売上高最大化仮説

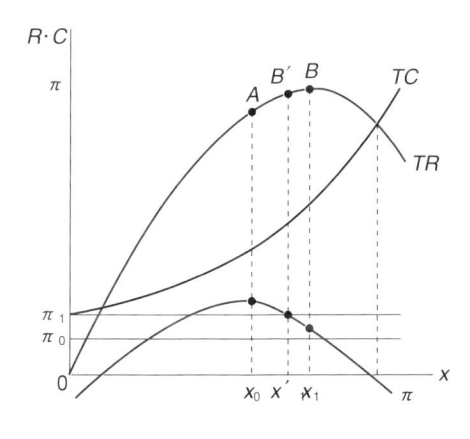

① 利潤が最大となるのは，$MR=MC$に対応する生産量x_0です。
② 一方，売上高が最大となるのは，総収入曲線TRが最大となるB点に対応したx_1です。
③ 最低利潤がπ_0のときにはx_1の生産量が選択されますが，π_1の場合には利潤制約条件と両立しうるようにx_1'の水準に引き下げられます。

大化仮説といいます。企業が売上高の規模を重視する理由としては，売上高の減少は製品に対する消費者の人気の低下や金融機関の警戒を招くこと，ライバル企業に対する戦略を行使できなくなること，株主の評価を通じて経営者の地位や収入に関わる問題を生むこと，などが挙げられます。

　売上高最大の生産量は，総収入曲線 TR，総費用曲線 TC，総利潤曲線 π を用いると図25-4のように表すことができます。この図において，利潤最大化をもたらす生産量はx_0ですが，売上高を最大にする生産量は，TR 曲線が最大となる B 点に対応したx_1となります。

　ただし，売上高最大化仮説にしたがって生産量を決定する場合でも，必ずしも企業は売上高を最大にする生産量を選択できるわけではありません。なぜなら，企業は株主への配当や必要な内部留保のために最低必要利潤を確保しなければならないからです。それゆえ，売上高を最大にするときの利潤が最低必要利潤を上回るときは，売上高の最大化が達成されますが，その利潤が最低必要利潤よりも小さい場合には，売上高の最大化は行われず，最大必要利潤の確保が選択されることになります。

　これを図25-4でみますと次のようになります。企業の最低必要利潤は生産量

に関係なく一定額であるとしますと，いまその最低利潤がπ_0の水準にあるとすれば，この場合には，x_1における利潤が最低利潤π_0を上回るので，売上高最大の生産量x_1が選択されます。しかし，最低利潤がπ_1の水準にある場合には，売上高最大における利潤が最低利潤を確保できないために，生産量は利潤制約条件と両立しうるように，x_1'の水準に引き下げられねばなりません。この場合には，達成可能な最大売上高はB'となります。

第6部　生産要素市場

26 生産要素市場

生産要素市場

生産要素市場と生産物市場　企業が財やサービスを生み出す生産活動を行うときには，土地や労働や資本などを用います。

　土地，労働，資本のように，生産活動のために用いられる財やサービスのことを**生産要素**といいます。生産要素は家計によって供給されますが，家計はその代価として，地代，賃金，利子などを企業から受け取ります。これらは**要素所得**と呼ばれます。生産要素の供給とは，生産要素から得られるサービス（用役）を提供することであり，土地や労働者を売ってしまうというのではありません。

　生産要素の需要と供給が発生する市場は生産要素市場と呼ばれます。この市場では企業側が需要者であり，家計が供給者です。これに対して，家計は受け取った要素所得をもとにして，企業の生産物を需要しますが，このとき発生する市場は生産物市場と呼ばれます。言うまでもなく，生産物市場では，家計が需要者であり，企業が供給者です。図26-1は，生産要素市場と生産物市場の関係を図式化したものです。ここでは生産要素の需要者としての企業行動を分析します。

生産関数　企業は種々の生産要素を投入して生産物を生み出しますが，ここで投入される生産要素は，労働 L と資本設備 K の 2 つであり，このうち資本設備 $\bar{K}$ が固定されていると仮定します。そこで，生産要素 $(L, \bar{K})$ と生産量 x との間には次のような関係が成り立ちます。

175

図26-1 生産要素市場と生産物市場

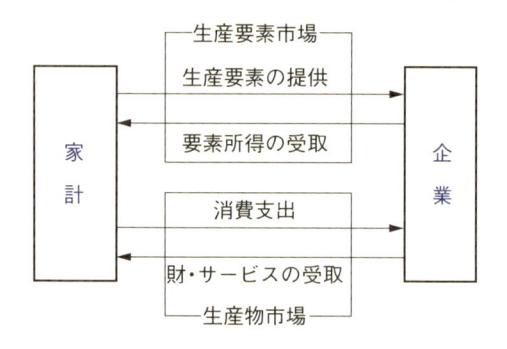

```
         ――生産要素市場――
          生産要素の提供
       ←――――――――――――
 ┌──┐   要素所得の受取    ┌──┐
 │家 │ ←―――――――――――― │企 │
 │計 │    消費支出      │業 │
 │  │ ―――――――――――→ │  │
 └──┘  財・サービスの受取  └──┘
       ←――――――――――――
         ――生産物市場――
```

① 家計は労働などの生産要素を企業に提供し，その見返りに，賃金などの要素所得を受け取ります。
② 家計はこの要素所得を用いて消費支出を行い，企業から財やサービスを手に入れます。

$$x = f(L, \overline{K})$$

これは生産関数と呼ばれます。この生産関数については，「第3部 生産者行動理論」でみたとおりです。

利潤最大条件の導出　この $x=f(L,\overline{K})$ の生産関数をもとにして，短期における企業の利潤最大条件を導出することができます。

すでに「5　短期供給曲線」でみましたように，利潤 π ＝総収入－総費用ですから，生産量を x，その価格を P，投入される労働を L，その価格である賃金を w とすると，利潤 π は，

$$\pi = \overline{P}x - \overline{w}L \quad\quad \cdots\cdots ①$$

となります。ここでは完全競争を前提としますので，$\overline{P}, \overline{w}$ は企業にとって一定です。

上記の式を L で微分してゼロとおくことによって，利潤最大化の条件を求めることができます。すなわち，

$$\frac{d\pi}{dL} = \overline{P}\frac{dx}{dL} - \overline{w} = 0 \quad\quad \cdots\cdots ②$$

ゆえに，

$$\overline{P}\,\frac{dx}{dL}=\overline{w} \qquad \cdots\cdots ③$$

となります。ここで，w は生産要素である労働の価格（賃金）であり，$\overline{P}\,\frac{dx}{dL}$ は労働の限界生産物 $\frac{dx}{dL}$ に価格 $\overline{P}$ を掛けたものですから，価値的限界生産物と呼ばれます。ゆえに，利潤最大化条件は，生産要素価格（賃金 $\overline{w}$）＝価値的限界生産物 $\left(\overline{P}\,\frac{dx}{dL}\right)$ となります。

なお，この式を変形して，

$$\overline{P}=\overline{w}\cdot\frac{dL}{dx} \qquad \cdots\cdots ④$$

とすると，$\frac{dL}{dx}$ は生産物 x を 1 単位追加するために必要とされる労働 L の大きさであり，それに労働の価格である賃金 w を掛けると限界費用がでます。ゆえに，利潤最大化条件式は，価格 $\overline{P}$ ＝限界費用 MC として示すこともできます。

労働需要曲線　　これまでの議論を用いて，生産要素としての労働の需要曲線を導出することができます。

先に述べたように，可変的生産要素を労働 L であるとしますと，利潤は，

$$\pi=\overline{P}x-\overline{w}L$$

となり，利潤最大化条件は，次のようになります。

$$\frac{d\pi}{dL}=\overline{P}\,\frac{dx}{dL}-\overline{w}=0$$

ゆえに，

$$\overline{P}\,\frac{dx}{dL}=\overline{w}$$

であり，さらに，変形しますと次のようになります。

$$\frac{dx}{dL}=\frac{\overline{w}}{\overline{P}}$$

よって，利潤最大化条件は，労働の限界生産物＝実質賃金となります。ここ

図26-2　労働需要曲線

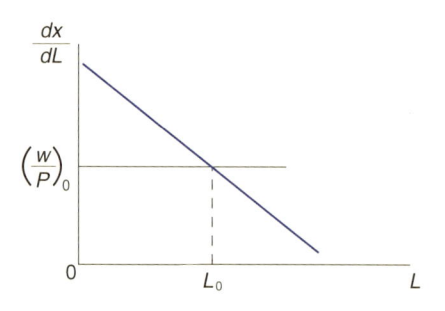

で，労働の限界生産物は収穫逓減の法則にしたがって労働投入量の増加につれて逓減していくことを前提として，労働需要曲線を導出することができます。

いま，労働の限界生産物曲線を描くと，図26-2のように右下りとなります。そこで，実質賃金が $(\frac{w}{P})_0$ にあると，利潤最大化をもたらす労働需要量は，$\frac{dx}{dL} = \frac{w}{P}$ に対応する L_0 に決定されます。もし $\frac{w}{P}$ が上昇すれば，利潤最大化条件を維持するために労働需要は減少し，逆に $\frac{w}{P}$ が下落すれば労働需要は増加します。ゆえに，労働の限界生産物曲線がその企業の労働需要曲線となります。

27 最適投入量の決定

等生産量曲線

生産要素の投入量が2つになる場合には,生産の無差別曲線である等生産量曲線と生産要素の購入に対する費用の制約を表す等費用線を用いて,最適投入量の問題を説明することができます。

等生産量曲線の性質　いま,資本と労働のある投入量の組み合わせ (K_0, L_0) によって,生産物が x_0 だけ産出されたとしましょう。さらに,資本投入量を K_1 に減らしたときに,同じ産出量 x_0 を得るためには労働の投入量を L_1 へと増加させなければならないものと仮定します。このような仮定をグラフで表したのが,図27-1です。縦軸には資本の投入量が,横軸には労働の投入量がとってあります。

グラフ中, A 点と B 点は同量の生産量 x_0 を産出するのに必要な資本と労働の組み合わせを示しています。このような組み合わせは他にも多数存在し,それらの点を結んでいくと,曲線 x_0 が得られます。すなわち,曲線 x_0 は,ある生産量を得るために必要な資本と労働の投入の組み合わせを表した軌跡であり,**等生産量曲線**,あるいは**生産無差別曲線**と呼ばれます。等生産量曲線は,無差別曲線であるという点では,消費者行動の分析で用いた消費に関する無差別曲線と同じ性質をもつと考えることができます。

等生産量曲線は次のような性質をもっています。
(i) 　等生産量曲線は右下がりです。これは,一定量の生産物を得るためには,一方の投入量の減少は他方の投入量の増加によって補われなければならないからです。

図27-1　等生産量曲線

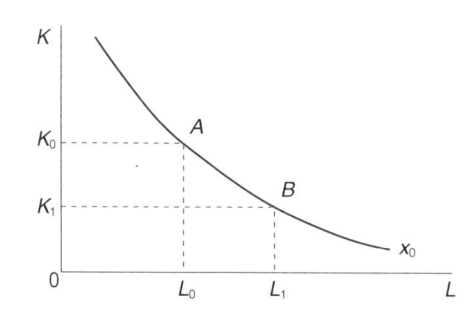

① A点とB点のように生産物が等しい資本と労働の投入量の組み合わせの点を結んだ曲線x_0を等生産量曲線といいます。
② 資本の投入量をK_0からK_1に減少させたとき，同じ生産量を得るためには労働投入量を増加（L_0からL_1）させなければなりませんので，等生産量曲線は右下がりの曲線となります。

（ⅱ）　等生産量曲線は無数に存在します。なぜならば，資本投入量と労働投入量の組み合わせは無数に存在するからです。

（ⅲ）　等生産量曲線は原点から遠ざかるにつれて，より多くの生産量を表します。それは，もし，労働投入量を一定の値に固定しても，資本量を増加させれば，得られる生産物の量は増加するからです。

（ⅳ）　等生産量曲線は互いに交わることはありません。図27-2をみるとわかりますが，もし，2本の等生産量曲線が交わると仮定すれば，A点とB点の産出量はx_0，C点とB点の産出量はx_1となり，矛盾が生じます。

以上のように，等生産量曲線は消費の無差別曲線と似た性質をもっていますが，1つだけ違う点があります。それを（ⅴ）として掲げることにします。

（ⅴ）　消費の無差別曲線が序数的な大きさを表したのに対して，等生産量曲線は基数的な大きさを表します。なぜならば，効用は数量表示ができませんが，産出量は数量表示が可能だからです。

技術的限界代替率逓減の法則　　もう1つ，等生産量曲線の性質で重要なことがあります。それは原点に対して凸型であるということです。この性質を理解するためには，技術的限界代替率逓減の法則という概念を理解しなければなり

図27-2 等生産量曲線は交わらない

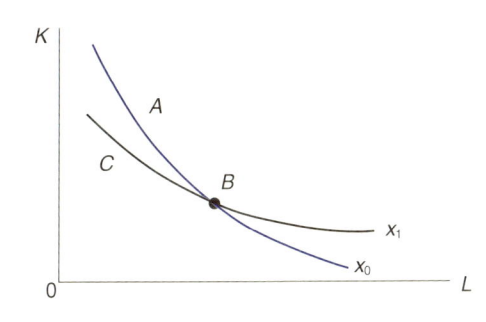

A点とB点は生産量がx_0になる資本と労働の投入量の組み合わせであり，C点とB点は生産物がx_1になる資本と労働の投入量の組み合わせですからB点で矛盾が生じます。したがって，等生産量曲線が交わることはないのです。

ません。

　一定の産出量を維持するためには，たとえば労働を減少させたら，資本を増加させなければならないことは，すでに理解できたことと思います。いま，労働の減少分をΔL，資本の増加分をΔKとすれば，労働投入量の減少分に対する資本投入量の増加分の割合は，$-\dfrac{\Delta K}{\Delta L}$で表されます。この値のことを，**技術的限界代替率**といい，それは等生産量曲線の接線の傾きの絶対値を表しています。

　企業が一定の生産量を維持するためには，資本投入量に比べて労働投入量を極端に多くしたとしましょう。この生産は**労働集約的生産方法**と呼ばれます。

　企業が労働集約的生産方法を用いたとき，資本の減少分に対する労働投入量の増加の割合は大きくなります。これが生じるのは，労働の限界生産物が逓減するためです。したがって，労働の集約化が進めば進むほど，技術的限界代替率は低下します。その結果，図27-3に示されるように，等生産量曲線は原点に対して凸型となります。これを**技術的限界代替率逓減の法則**といいますが，その法則を仮定することが，等生産量曲線が原点に対して凸型となる理論的根拠なのです。

図27-3 技術的限界代替率逓減の法則

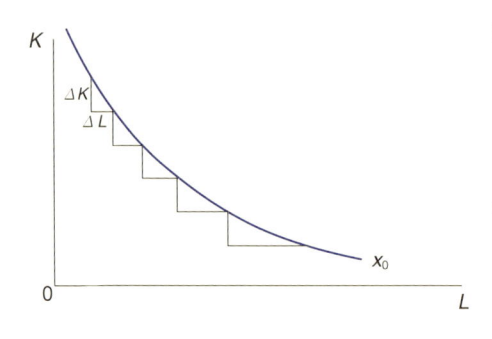

① 資本投入量を ΔK だけ減らしたとき，同じ生産量 x_0 を得るためには労働を ΔL だけ増加させなければなりません。このとき，$\dfrac{\Delta K}{\Delta L}$ の絶対値を技術的限界代替率といいます。

② 技術的限界代替率は資本投入量が少なくなると逓減します。この結果，等生産量曲線は原点に対して凸型となります。

等費用線

労働の価格である賃金率を w，資本の価格である利子率を r とすれば，企業が支払わなければならない費用 C は，

$$C = w \cdot L + r \cdot K$$

によって表されます。この式をグラフで表したものが図27-4です。

　この直線の縦軸の切片は，費用をすべて資本にあてたときに投入可能な資本量の大きさを表しています。また，横軸の切片は，すべての費用を労働にあてたときに投入可能な労働量です。そして，この直線上およびこの直線内の資本と労働の投入量の組み合わせは，すべて費用 C の範囲内で可能な投入量を示しています。この直線は消費者行動の理論の予算線と同じ形状になっていますが，生産理論では，**等費用線**と呼ばれます。また，この直線の傾きは，資本と労働の価格比 $\dfrac{w}{r}$ のマイナス値と等しくなっています。

最適投入量の決定

さて，等生産量曲線と等費用線を１つのグラフで表してみましょう。

　図27-5では，３つの産出量水準を表す等生産量曲線と，１つの等費用線が描かれています。$\dfrac{C}{r}$ と $\dfrac{C}{w}$ の切片で示された等費用線を C とすれば，x_0 の場合

図27-4　等費用線

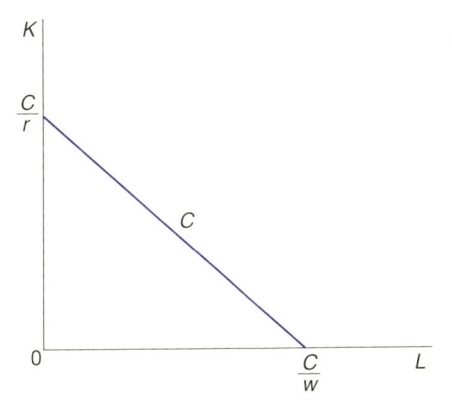

① 一定の費用の範囲内で投入可能な資本と労働の投入量の組み合わせを表した直線(C)を等費用線といい，右下がりの直線で表されます。等費用線の傾きは要素価格比（$\frac{w}{r}$）と等しくなります。縦軸切片（$\frac{C}{r}$）は，資本の最大投入可能量，横軸切片（$\frac{C}{w}$）は，同じく労働の最大投入可能量を表しています。
② 等費用線上と，その内側の資本と労働の投入量の組み合わせは費用Cの範囲内で投入可能です。

には，等費用線の内側の部分はこの費用条件のもとで産出可能な生産量です。しかし，企業はより多くの資本と労働を投入することが可能であり，そうすることによってより多くの産出量を得ることができます。

次に，x_2は費用の制約Cのもとでは投入不可能な資本と労働の組み合わせを表しています。企業はこのような組み合わせを選択することはできません。では，費用の制約Cのもとで，最大の産出量を得るためには，資本と労働の組み合わせをいかなる水準に決定したらよいのでしょうか。それは，等生産量曲線と等費用線が接するE点に対応する資本と労働の組み合わせを選択すればよいのです。このE点のことを**最適投入点**と呼びます。

ところで，最適投入点では，等生産量曲線と等費用線が接していますから，等生産量曲線の接線の傾きと等費用線の傾きが等しくなっています。前者は労働と資本の技術的限界代替率のマイナス値，後者は労働と資本の価格比のマイナス値を表しています。このことから，最適投入点では，

$$\frac{\Delta K}{\Delta L} = \frac{w}{r} \qquad \cdots\cdots ①$$

という関係が成り立っていることになります。これが生産要素の最適投入量決

図27-5 最適投入量の決定

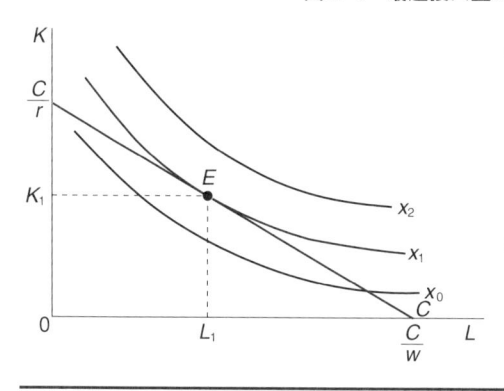

① 費用の制約が等費用線Cで与えられるとき、E点が最大の生産量をもたらす資本と労働の投入量の組み合わせであり、資本投入量はK_1、労働投入量はL_1に決定されます。
② E点では等費用線と等生産量曲線が接していますから、技術的限界代替率と要素価格比が等しくなっています。

定の条件となります。この時の投入量の組み合わせ（L_1, K_1）を最適投入量といいます。ここで、①式の左辺を、

$$\frac{\Delta K}{\Delta L} = \frac{\Delta x/\Delta L}{\Delta x/\Delta K} = \frac{MP_L}{MP_K} \qquad \cdots\cdots ②$$

と変形し、②式を①式に代入して整理すれば、

$$\frac{MP_L}{w} = \frac{MP_K}{r} \qquad \cdots\cdots ③$$

となります。すなわち、最適投入点では、各生産要素の1円当たりの限界生産物（MP）が等しくなっています。このことを**加重限界生産物均等の法則**といいます。

生産拡張経路

これまで等産出量曲線と等費用線を用いて生産要素の最適投入をみてきました。ここでは、企業が生産を拡張する場合、最適な生産要素の投入がどのように変わるかを検討していきます。

資本と労働の要素価格が一定の下で、企業が生産を拡張したとしましょう。要素価格比が一定ということは、等費用線の傾きが一定ということになります。そこで、企業が要素投入費用を拡大したとしますと、等費用線は右上方に

図27-6　生産拡張経路

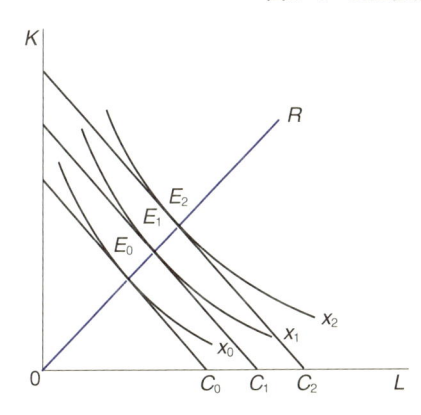

① 費用の制約がC_0のときの最適投入点はE_0で、費用の制約がC_1, C_2に拡大すると最適投入点はE_1, E_2へと移動していきます。
② 費用が拡大したときの最適投入点の軌跡を結んだ曲線(R)を生産拡張経路といいます。

シフトし，各費用条件のもとでの最適投入点（E_0～E_2）と，生産量（x_0～x_2）が得られます。このとき，最適投入点を結んで得られた曲線（$0-R$）は，生産量の拡張にともなった最適投入点の軌跡ということで，**生産拡張経路**と呼ばれます。

　生産拡張経路は，図27-6では半直線で示されていますが，実際にはさまざまな形状を示します。生産拡張経路が直線で表されるのは，生産関数が一次同次ということであり，このことは，すべての生産要素の投入量をk倍すれば，産出量もk倍になるということを意味しています。さらに，生産関数が一次同次ということは，**規模に関する収穫不変**ということでもあります。一般に，すべての生産要素の投入量をk倍すると産出量がk_a倍になるとき，生産関数はa次同次であるといわれます。$a=1$，すなわち生産関数が一次同次のとき，生産拡張経路は直線になるのです。

長期費用曲線の導出

図27-7には，一般的な生産関数から導き出された拡張経路が示されています。すなわち，生産量が少ない時点では規模に関する収穫逓増が作用し，やがて収穫不変から収穫逓減に変わっていきます。収穫逓増の下では，生産量が2倍に

図27-7　長期総費用曲線の導出

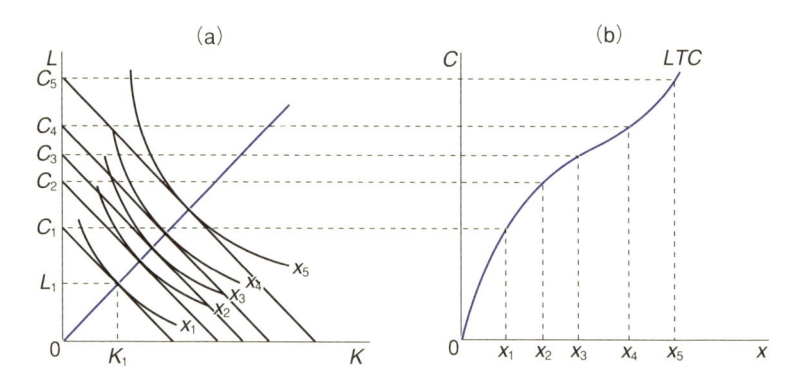

① (a)図において，生産量がx_1のときの総費用は，等費用線の縦軸切片C_1となります。
② 生産拡張経路に沿って生産が拡大されたとき，各生産量と総費用の関係をグラフに表すと，(b)のような長期費用曲線（LTC）が得られます。

なっても投入量，言い換えれば費用は2倍以下しか増加せず，収穫不変のときには，生産量が2倍になったときには費用も2倍になり，収穫逓減の下では，生産量が2倍になったときには費用は2倍以上になるのです。図27-7では，等生産量曲線は右上方へ移動するにつれて生産量が2倍，3倍となるように描かれています。したがって，等費用線の間隔が徐々に狭くなる範囲は収穫逓増を，間隔が徐々に広くなる範囲は収穫逓減を意味しています。一般的な生産関数を仮定したときには，拡張経路は曲線になりますが，ここでは説明を単純化するためにあえて拡張経路は直線で示されています。また，等費用線が平行シフトしているということは，要素価格が一定であることを意味しています。

以上のことをもとにして，長期の総費用関数を導出してみましょう。長期とは，すべての生産要素を最適状態になるように調節できる期間ですから，企業は拡張経路に沿って生産量を増加させていきます。すると，生産量がx_1のときには，労働と資本の投入量はそれぞれL_1，K_1であり，そのときの総費用は，等費用線の性質から，縦軸切片のC_1になります。同様にして，生産量が

図27-8 短期総費用曲線の導出

図27-8 短期総費用曲線の導出

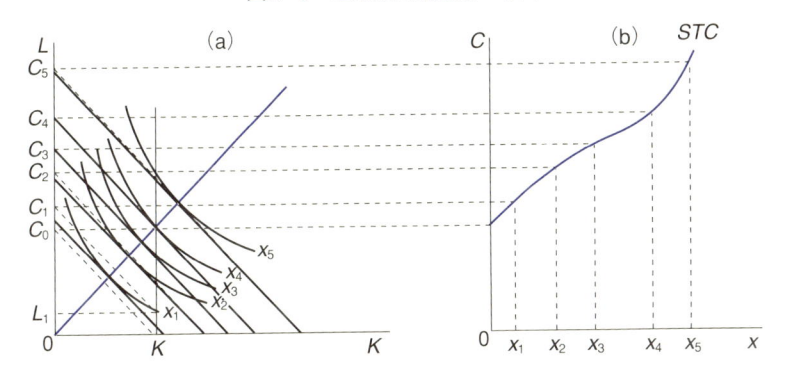

① (a) において，資本投入量をKに固定すると，固定費用はC_0によって表され，生産量がゼロのときでも，C_0だけの費用がかかることになります。
② 生産量がx_1のとき，総費用は点線の縦軸切片C_1となります。
③ 以下，各生産量と総費用の関係をグラフに表していくと，縦軸切片C_0から始まる短期総費用曲線（STC）が描けます (b)。

$x_2, x_3, \cdots\cdots$のときの総費用を求めて，生産量と総費用の関係を捉えた(b)が長期の総費用（LTC；Long-run Total Cost）曲線を表しています。

短期費用曲線の導出

次に，短期の費用曲線を導出してみましょう。短期とは，生産量の変化とともに投入量を変化させることができない生産要素が存在する期間です。ここでは，資本を固定的生産要素として投入量を一定にしておき，労働を可変的生産要素として生産量の変化とともに投入量を変化させることにします。

図27-8(a)では，資本の投入量はKに固定されています。このとき，生産量がx_1のときには，資本と労働の投入量はそれぞれKとL_1であり，総費用は，点線で示された等費用線の縦軸切片のC_1となります。同様にして生産量が$x_2, x_3, \cdots\cdots$のときの総費用を求めて，その関係をグラフに表すと短期の総費用（STC；Short-run Total Cost）曲線が描けます。ただし，生産量が0のときでも固定費用，すなわち，$K \times$資本の価格がかかりますから，短期総費用曲線は

縦軸切片のC_0から始まります。

　また，短期の総費用曲線を導出する過程で，生産量がx_4のときには，労働と資本の投入量の組み合わせがちょうど拡張経路上になっています。このことは，生産量がx_4のときには短期と長期の総費用が一致しているということです。長期の総費用曲線は，短期の総生産費が最小になる生産量と総費用の関係を捉えたものです。

第7部 資源配分の効率性と市場の失敗

28　最適資源配分

最適資源配分

これまでみてきましたように，財の需要と供給は市場メカニズムの中で，価格の動きを通して調整されます。そこでは，完全競争市場のように市場メカニズムが有効に作用するかぎり，人々は価格を目安にして行動していけば，消費者は効用最大化を実現でき，生産者は利潤最大化を実現できるというものでした。同時に，この市場メカニズムの優れている点は，限られた資源を有効に配分する機能を果たすという点にあります。ここでは，この市場における資源配分の効率性の問題をみていくことにします。

以下で述べるように，資源の効率的配分を説明するための道具に，**パレート最適**の概念があります。これは，利用できる資源が一定であると仮定したうえで，資源の最適配分を説明する概念であり，もはや配分の状態をどのように変えても，誰かを不利にすることなくしては，どの個人の経済状態もよくすることのできない状態と定義することができます。それゆえ，ある経済において，パレート最適が成立している場合には，資源は最も効率的に配分されていることになります。

私たちの生活する経済社会では，人々の必要に対してそれを満たすための資源が相対的に希少であることを考えれば，このパレート最適の概念は重要な意味をもつと考えられます。そこで，まずはじめにこのパレート最適の概念を用いて一定の財をA，B2人の消費者の間に配分する場合の**最適資源配分**の問題をみていくことにします。

図28-1　個々人の無差別曲線

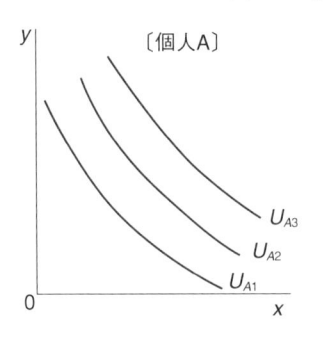

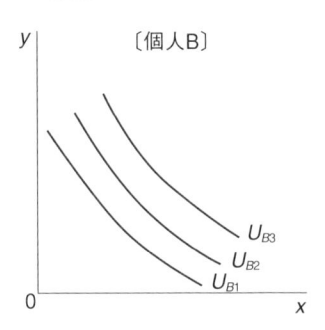

①U_{A3}, U_{A2}, U_{A1}は個人AのX財とY財の無差別曲線を表しており，U_{B1}, U_{B2}, U_{B3}は個人Bの無差別曲線です。
②両方の無差別曲線を結合させると図28-2のボックス・ダイアグラムができます。

消費のパレート最適

いま，ある社会に存在する財はX, Yのみであり，その財の賦存量x, yは一定の大きさであるとします。さらに，単純化のためにこの社会は個人AとBの2人からなる社会で，その2人が両財の配分を行うことを考えてみます。

ボックス・ダイアグラム　個人AとBの無差別曲線が，図28-1のように与えられているものとします。この社会に存在するX財，Y財の量をそれぞれx, yとすれば，A，B2人の無差別曲線図の両軸の最大値は，図中のx, yとなります。また，U_{A1}, U_{A2}, U_{A3}はAにとっての無差別曲線を，U_{B1}, U_{B2}, U_{B3}はBにとっての無差別曲線を表しています。

ここで，Bの無差別曲面を180度回転させ，Aのグラフと結合させると，図28-2が得られます。このグラフは，考案者エッジワースの名にちなんで，エッジワースの**ボックス・ダイアグラム**と呼ばれます。このボックス・ダイアグラムを使ってX, Y両財の最適配分の問題をみていくことができます。

A，B2人の間への資源配分の状態を示す図28-2において，まず図中E'で示

図28-2 エッジワースのボックス・ダイアグラム

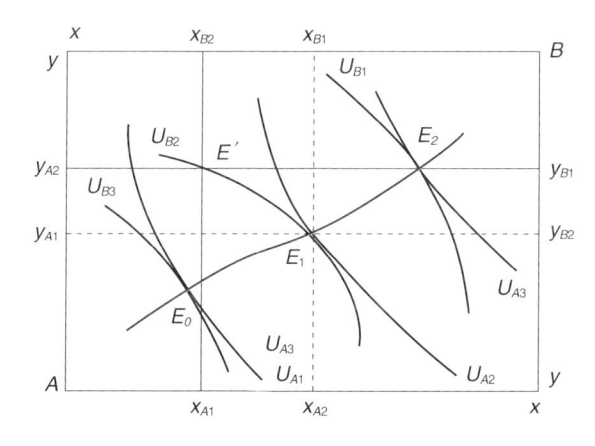

① 横軸，縦軸の長さはX財とY財の社会全体での消費可能量を示しています。
② 両個人の無差別曲線が接するE_0〜E_2点は，パレート最適な配分がなされている点です。
③ パレート最適な配分点を結んだ曲線を契約曲線といいます。

されるようなX財とY財の配分がA，Bの間で行われたとしますと，AはX財をx_{A1}，Y財をy_{A2}消費し，BはX財をx_{B2}，Y財をy_{B1}消費することになります。E'では，社会に存在するX財，Y財が完全に消費されることになりますから，このような状態は一種の完全分配の状態にあるといえます。この配分が行われたとき，Aの効用U_Aは$U_{A1}<U_A<U_{A2}$，Bの効用はU_Bは$U_{B1}<U_B<U_{B3}$の状態にあります。

社会に存在するX財とY財の量が不変のとき，AおよびBの効用をともに増大させるような配分は他に考えられないものでしょうか。次にE_1のような配分を考えてみましょう。

E_1では，Aはx_{A2}，y_{A1}，Bはx_{B1}，y_{B2}を消費することになり，それぞれの効用は，U_{A2}，U_{B2}ということになります。このとき，X財，Y財とも完全分配の状態にあります。ここで重要なことは，先のE'と同じ完全分配の状態にあるにもかかわらず，Bの効用はU_{B2}のままで変わりませんが，Aの効用水準はU_{A2}となりますのでE'よりも高い効用を得ることが可能になるということです。

次に，E_1を出発点として，AあるいはBのどちらか一方がより高い効用を

193

得ようとすると，どのような状況になるかを考えてみます。たとえば，Aが U_{A3} の効用を得ようとして，配分状態を E_1 から E_2 に変えたとします。この場合，Bの効用は U_{B1} となりますので，Bは E_1 のときよりも効用水準が低められてしまいます。これはAが高い効用を得ようとしたために，Bが犠牲となったことを意味しています。

このようなことから，E_1 点のように，両者の無差別曲線が互いに接しているような配分は，どちらか一方の効用をそれ以上に高めようとすると，他方の効用水準を低めなくてはならない分配状態であることがわかります。このような配分は，パレート最適と呼ばれています。いま，効用という言葉を社会的厚生という言葉に置き換えれば，**パレート最適**とは，いかなる人の社会的厚生をも犠牲にすることなく，ある個人の社会的厚生を向上させることはできない，という状態のことです。この状態こそが，資源が最適に配分されている状態であるといえます。

パレート最適は2者の無差別曲線が互いに接する点で達成されますが，この点においては，2財の限界代替率が両者とも等しくなっています。図28-2では E_0，E_2 もこのような点に該当します。そこで，パレート最適を満たす点の軌跡を描くと1つの曲線が得られ，この曲線を**契約曲線**といいます。言い換えれば，契約曲線上の点は，すべてパレート最適の条件を満たしていることになり，契約曲線上にない点は，**非パレート最適**と呼ばれます。

効用可能性フロンティア 次に，パレート最適の条件を満たす配分の組み合わせと，A，Bの効用水準の関係をみることにしましょう。28-3には，縦軸に個人Aの効用が，横軸には個人Bの効用が測られており，図28-2に表されているパレート最適の条件を満たす点の集合 $E_0 \sim E_2$ に対応した両者の効用水準の組み合わせの軌跡が描かれています。ここで $E_0 \sim E_2$ のようなパレート最適の条件を満たす点を結んでいくと，1つの曲線が導き出せます。この曲線を**効用可能性フロンティア**といいます。この効用可能性フロンティアは，A，Bの両者にとって社会的に獲得可能な効用，言い換えれば社会的厚生の上限を示し

図28-3　効用可能性フロンティア

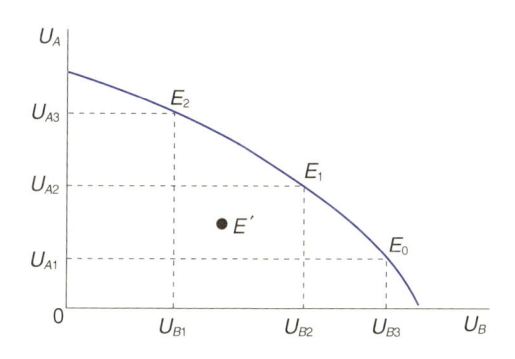

① 縦軸は個人Aの効用水準を，横軸は個人Bの効用水準を測ってあり，図2のE_0～E_2に対応した両個人の効用の組み合せの軌跡を結んだ曲線を効用可能性フロンティアといいます。
② 効用可能性フロンティア上はパレート最適な点であり，それ以外の点，例えばE'は非パレート最適な点となっています。

た軌跡ということができます。

たとえば，図28-3のE'点は，Aの効用U_Aは$U_{A1}<U_A<U_{A2}$，Bの効用U_Bは$U_{B1}<U_B<U_{B2}$ですが，Bの効用をそのままにしてAの効用を高めることも，逆にAの効用をそのままにしてBの効用を高めることも可能です。ところがE_0などでは，どちらか一方の効用を高めるには，他方の効用を犠牲にしなければなりません。したがって，効用可能性フロンティア上の点はパレート最適の条件を満たしており，この曲線の内部は**非パレート最適**な点の集合ということになります。

生産のパレート最適

ボックス・ダイアグラム　これまでは，個人AとBの間の消費についてのパレート最適を考えてきましたが，次に生産に関するパレート最適を考えてみましょう。

ある社会を想定し，この社会には企業Ⅰと企業Ⅱのみが存在し，企業ⅠはX財を，企業ⅡはY財を生産しているものとしましょう。また，この社会の生産要素は労働（L）と資本（K）のみしか存在しないものと仮定します。

図28-4　2企業の等生産量曲線

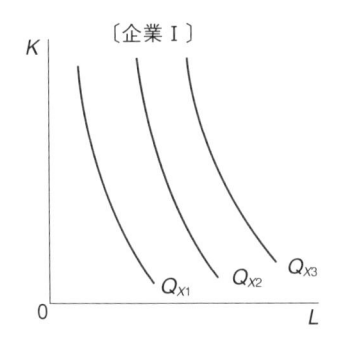

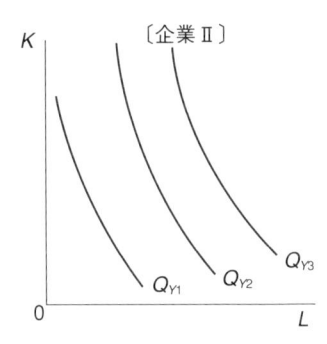

〔企業Ⅰ〕　　　　　　　〔企業Ⅱ〕

Q_{X1}, Q_{X2}, Q_{X3}　　　　　　　Q_{Y1}, Q_{Y2}, Q_{Y3}

① Q_{X1}, Q_{X2}, Q_{X3}, は企業ⅠのX財とY財の等生産量曲線を表しており, Q_{Y1}, Q_{Y2}, Q_{Y3}, は企業Ⅱの等生産曲線を表しています。
② 企業Ⅱの等生産量曲線図を180度回転させ, 企業Ⅰの等生産量曲線図と結合させると図28-5の生産のボックス・ダイアグラムができます。

まず, 企業Ⅰ, Ⅱは労働と資本を用いてX財, Y財を生産するのですが, これらの企業の等生産量曲線を表したグラフが図28-4に示されています。Q_{X1}, Q_{X2}, Q_{X3}は企業Ⅰにとっての等生産量曲線を, Q_{Y1}, Q_{Y2}, Q_{Y3}は企業Ⅱにとっての等生産量曲線を表しています。

消費のパレート最適点を求めたのと同じ手法を使いますと, 生産に関するパレート最適は, 図28-5のようなボックス・ダイアグラムで説明されます。

まず, 図中E'で示されるような労働と資本の配分が企業Ⅰ, Ⅱの間でなされたとしましょう。企業Ⅰは労働を$L_{Ⅰ1}$, 資本を$K_{Ⅰ1}$を用いて, 企業Ⅱは労働を$L_{Ⅱ1}$, 資本を$K_{Ⅱ1}$を用いて生産することになります。すると, 社会に存在する労働, 資本が完全に雇用されることになりますから, このような状態を完全雇用と名付けましょう。このような労働と資本の配分が行われたとき, Ⅰの生産量Q_Xは$Q_{X1}<Q_X<Q_{X2}$, Ⅱの生産量Q_Yは$Q_{Y1}<Q_Y<Q_{Y2}$となりますが, 社会に存在する生産要素がすべて使われたことになります。しかし, この配分よりも, 両企業にとって好ましい配分が他にあることは消費の場合と同じです。

次にE_1における資源配分をみてみますと, E_1では, Ⅰは$L_{Ⅰ2}$, $K_{Ⅰ2}$, Ⅱは

図28-5 生産のボックス・ダイアグラム

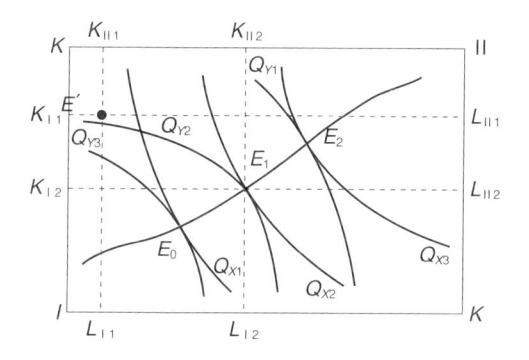

① 横軸，縦軸の長さは労働と資本の賦存量を示します。
② 両企業の等生産量曲線が接するE_0～E_2点は，パレート最適な資源配分がなされている点です。
③ この曲線を契約曲線といいます。

L_{II2}，K_{II2}，を用いることにより，それぞれの生産量は，Q_{X2}，Q_{Y2}となります。この場合にも，労働，資本とも完全雇用の状態にあります。しかも，E_1ではE'よりも高い生産量を得ることが可能となっています。ただし，この配分よりもどちらかの企業にとって有利となる配分を選択しようとすると，他の企業の生産量を減少させることなしには不可能です。すなわち，E_1点は生産のパレート最適点となっているのです。

生産のパレート最適は2企業の等生産量曲線が互いに接する点で達成されますが，このことは，労働と資本の技術的限界代替率が2企業間で等しくなるように資源が配分されるということです。このような点は，図28-5ではE_0，E_2も該当します。そこで，パレート最適の条件を満たす点の軌跡を描くと，契約曲線E_0～E_2が得られます。言い換えれば，契約曲線上のすべての点は，みなパレート最適の条件を満たしていることになり，契約曲線上にない点は，非パレート最適となります。

生産可能性フロンティア　　パレート最適の条件を満たす生産要素の組み合わせと，企業Ⅰ，Ⅱの生産量水準の関係はどのようになっているのでしょうか。

図28-6 生産可能性フロンティア

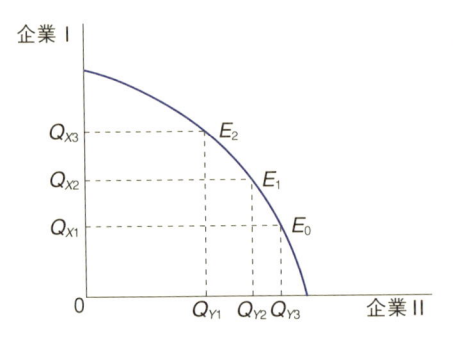

① 縦軸は企業Ⅰの生産量を，横軸は企業Ⅱの生産量を測ってあり，図28-5のE_0〜E_2に対応した両企業の生産量の組み合わせの軌跡を結んだ曲線を生産可能性フロンティアといいます。

② 生産可能性フロンティア上はパレート最適な資源分配がなされている点であり，それ以外の点は非パレート最適な点となっています。

　図28-6には，縦軸に企業Ⅰの生産量が，横軸には企業Ⅱの生産量が測られており，図28-5に表されているパレート最適の条件を満たす点の集合E_0〜E_2に対応した両者の生産水準の組み合わせの軌跡が描かれています。ここで，E_0〜E_2のようなパレート最適の条件を満たす点を結んでいくと，1つの曲線が導き出せます。この曲線を**生産可能性フロンティア**といいます。すなわち，この曲線上のすべての労働と資本の配分の組み合わせは，すべてパレート最適の条件を満たした点ということです。

消費・生産間のパレート最適

　さて，これまで学んだミクロ経済学の総まとめをする段階に達しました。すなわち，ミクロ経済学の究極の課題は，消費者が効用を，企業が利潤をそれぞれ最大にするように，社会に存在するさまざまな資源を配分するには，どのような配分が好ましいか，ということです。このような状態が達成されたとき，**消費・生産間のパレート最適**と呼ばれます。

　ところで，先にみました生産可能性フロンティア上の点は，どれも生産のパレート最適の条件を満たした点であることはわかりましたが，それらの点がすべての消費者にとっても満足のいく点であるといえるでしょうか。

　社会のすべての人々の好みは全く同じであると仮定すれば，X財，Y財に

図28-7 消費・生産間のパレート最適

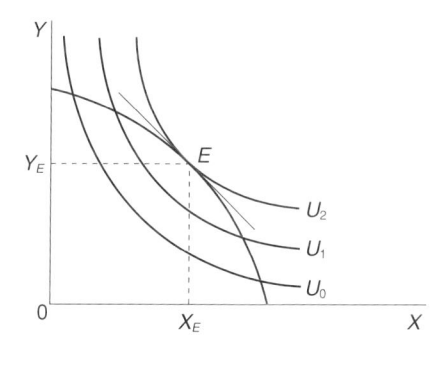

① $U_0 \sim U_2$は社会的無差別曲線を示しています。
② 社会的効用が最大になるX財とY財の生産量の組み合わせは，社会的無差別曲線U_2と生産可能性フロンティアが接するE点に対応したX_E，Y_Eとなります。
③ E点では社会的効用の限界代替率と生産可能性フロンティアの傾きである技術的限界代替率が等しくなっています。

対する社会的無差別曲線は図28-7の$U_0 \sim U_2$のように与えられます。ここに，先程の生産可能性フロンティアを重ねてみましょう。

このとき，生産可能性フロンティアとU_0，U_1のような社会的無差別曲線との交点では，生産量の組み合わせを変更することによって，より高い社会的効用が得られます。結局，社会的無差別曲線と生産可能性フロンティアが接するE点で，パレート最適の条件が満たされ，消費者の効用も最大となります。

社会的無差別曲線と生産可能性フロンティアが接するということは，この点で両曲線の接線の傾きが等しくなっているということです。無差別曲線の接線の傾きは限界代替率を表していますが，生産可能性フロンティアの接線の傾きは，**限界変形率**と呼ばれます。この限界変形率とは，どちらかの財を1単位余分に生産しようとするとき，限られた資源のもとで，減らさなければならない他財の量の割合を表しています。

以上のことから，消費・生産間のパレート最適が達成されている状態とは，社会的無差別曲線の接線の傾きである限界代替率と，生産可能性フロンティアの接線の傾きである限界変形率との間に，

限界代替率＝限界変形率

という関係が成立することをいいます。

29 市場の失敗

公 共 財

警察，消防，一般道路，公園などの財・サービスを**公共財**といいます。これに対して，これまで取り上げてきた通常の財は**私的財**と呼ばれます。ガソリンのような私的財は，誰かがそれを利用するならば，その分だけ他の人が消費できるガソリンの量は減少します。ところが，一般道路などでは特別の混雑がないかぎり，各人がその道路サービスを共通して受けることができます。このように，ある個人の消費によって他の人へのサービスを減らさないという，**非競合的消費**が公共財の特徴の1つです。

さらに，ガソリンなどの私的財は，消費にあたって1リットル100円というようにお金を支払わなければなりません。代価を支払わないドライバーは，ガソリンの消費から排除されます。これを**排除の原理**と呼んでいます。ところが，一般道路ではいちいち料金を払って通行しているわけではありませんから，排除の原理が適用されません。これは，国中の各一般道路で通行料を徴収したとしますと膨大な費用がかかってしまいますから，それよりは無料でサービスを提供した方が有益ということになるからです。このように，原則として公共財は無料で提供されます。

では，効率的な資源配分の観点から公共財の最適供給はどのようにして可能になるのでしょうか。いま，公共財の限界費用を示す供給曲線を S，消費者A，Bの公共財の需要曲線をそれぞれ D_a，D_b とします。D_a と D_b は限界評価曲線でもあります。なお，**限界評価**とは，消費者が購入しようとする最終単位に対して支払ってもよいと考える価格のことをいいます。

S，D_a および D_b が図29-1のようであったとしましょう。社会にはA，Bの

図29-1 公共財の最適供給

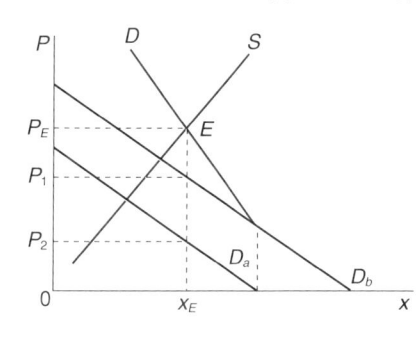

① 公共財に対する個人Aの限界評価曲線はD_aであり，個人Bの需要曲線はD_bで表されています。社会全体の公共財に対する需要曲線は，D_aとD_bを垂直方向に加えたDとなります。
② 公共財の需給曲線はE点で均衡し，生産量はx_Eに決定されます。

2人しかいませんので，社会全体の限界評価はD_a+D_bの垂直和となります。$D_a+D_b=D$ がそれにあたります。公共財の均衡は社会の限界評価（D）と限界費用（S）が等しいE点に決まりますので，最適供給量はx_Eとなります。

つまり，個人AとBの限界評価をそれぞれ，MU_a，MU_bとすると，公共財の最適供給条件は，

$$MU_a + MU_b = MC$$

となります。

もし，公共財が市場のメカニズムを通して供給されるならば，AからP_2，BからP_1の料金を徴収すればよいことになります。

ところが，公共財の需要曲線は各個人の限界評価，つまり各人の選好を示している疑似需要曲線にほかなりません。しかし，料金が徴収されるとなれば，各人の限界評価は当然低くなります。さらにまた，公共財そのものは，もともと道路のように無数の消費者に対して同時に一斉に供給されますので，料金を払わずとも利用できますし，また誰でも差別なしに利用できるわけですから，料金を支払わない人を排除できず，ただ乗りが生じます。そのために，公共財の最適量の決定やその費用の分担の問題は，市場機構では解決不可能です。それゆえ，その供給は政治的な決定機構によって解決されざるをえません。

図29-2 自然独占

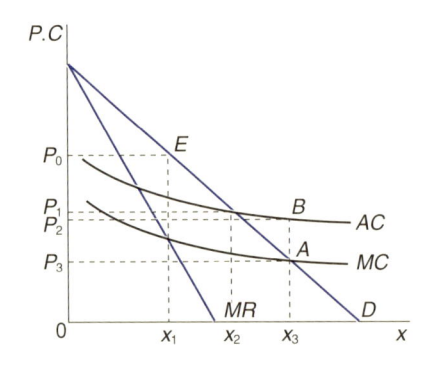

① 平均費用(AC)が逓減する領域では，限界費用(MC)は平均費用よりも低くなります。
② 費用逓減産業が独占的企業行動をとるとき，生産量はx_1，価格はP_0に決定されます。

自然独占と価格規制

電気，ガス，水道のようなサービスを供給する巨大企業では，莫大な固定的生産要素を必要とします。そのためにサービス生産の規模が大きくなれば，より一層平均総費用が低下します。いわゆる費用逓減化傾向がみられます。巨大企業の出現は中小企業をコスト面からも劣位に追いやるために，中小企業は市場から退出したり，また，市場への参入が困難になるために，いわゆる巨大企業の**自然独占**が形成されます。こうした**費用逓減産業**の価格規制は，どのように考えることができるのでしょうか。

費用逓減の状況を考えるわけですから，U字型費用曲線の右下がりの領域だけを思い浮かべればよいでしょう。そうしますと，図29-2のようにACもMCも右下がりになります。こうした企業が何らかの価格規制もなく独占的企業行動をとるならば，利潤最大化のみを目的として，限界収入曲線MRと限界費用曲線MCの交点に応じてクールノーの点Eを選び，料金をP_0，サービス供給量をx_1とすることになります。このときにはいわゆる独占の弊害を生み出し，資源の最適配分が損なわれてしまいます。この場合，需要者はわずかな供給量に対して法外に高い価格を払わされることになります。

実際には，こうした産業は公共性が高いため，政府がこのような産業のサー

ビス料金の決定に対して認可性を導入しています。1つの事例としては限界費用に等しい水準に料金を決めるべきであるという，ホテリングによって主張された**限界費用価格形成原理**というものがあります。これによると，料金はP_3で，サービス供給量がx_3となります。価格と限界費用が等しくなるA点でx_3の供給が行われますと，社会厚生上最適となります。

しかし，x_3の供給量であれば，単位当たりの損失はABですから，P_3P_2BAの面積に相当する部分の赤字が発生します。そのため，この財をP_3の価格で供給することは不可能であり，市場は最適資源配分に失敗することになります。このような事例において最適な供給を実現するためには，政府が赤字分に相当する補助金を支給するか，一括固定税などによって赤字分を補塡しなければなりません。ただし，赤字補塡が補助金によってなされますと，そうした公益企業の企業内努力への誘因は低下しますから，効率的な企業行動がとられなくなる恐れは充分にあります。また，この場合，受益者負担の原則からしますと料金が安すぎますし，このサービスの提供を受けないものにとっては所得分配の不公平が生じます。

この欠点を補うために，**平均費用価格形成原理**という価格決定理論があります。それは正常利潤を含めた平均費用に等しい水準に料金を決定すべきであるという理論です。これによると料金はP_1，供給量はx_2となります。しかし，この場合にも費用が上昇すれば自動的に料金もそれに対応して決定されていくわけですので，費用低下への誘因は損なわれてしまいます。

外部効果

ある経済主体の活動が，他の経済主体の活動に無償で有利な効果や不利な効果を与えることを**外部効果**といいます。とくに前者を**外部経済**，後者を**外部不経済**といいます。たとえば，地下鉄の乗り入れがその地域の商店街の売上を伸ばしたとしますと，そこには外部経済が発生しているといえます。一方，車道沿いの住民が振動，騒音，大気汚染などの公害をこうむる場合には，そこに外部不経済が発生していることになります。こうした外部効果があると，市場機構

図29-3 外部不経済

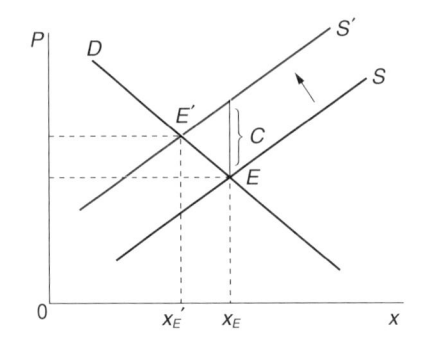

① Sは私的限界費用曲線を，S'は社会的限界費用曲線を表しており，SとS'の差Cは，外部不経済の大きさを表しています。
② 市場均衡点は私的限界費用曲線と需要曲線が交わるE点となりますが，これでは外部不経済が考慮されないため，過剰生産がなされてしまいます。

にまかせておいたのではパレート最適は達成されません。このことを，まず外部不経済が存在する場合について考えてみることにします。

X社が生産活動を行いながら産業廃棄物を放出しつづけたために，河川の周辺に住む漁師達の水揚げ量が激減したとしましょう。このとき，X社は自らの生産活動にともなう費用（私的費用）を負担するにすぎません。したがって，Dを需要曲線，Sを各社の限界費用曲線の総和としての供給曲線としますと，明らかに図29-3におけるE点が市場均衡点となります。ところが，漁獲量の低下分だけ，漁師達の費用増加となりますから，そのコスト分を含めた社会的費用は増加します。それが**私的限界費用曲線**Sに外部費用Cを加えた**社会的限界費用曲線**S'となります。よって，社会的に最適な生産量はx_Eからx_E'へと縮小することになります。このことから外部不経済が発生した場合には，E'がパレート最適点となります。

しかし，市場メカニズムの中では，市場を経由しない外部不経済の大きさについて生産者に正しい情報を伝達することができません。そこで，企業は社会的費用を負担せずに生産を行い，本来E'点で行われるべき生産をE点に拡大してしまうことになります。つまり，市場の失敗が生じることになります。この場合には，社会的限界費用と私的限界費用が一致するように政策的な干渉と指導が必要となります。その1つの手段が炭素税や環境税の導入です。

図29-4 外部経済

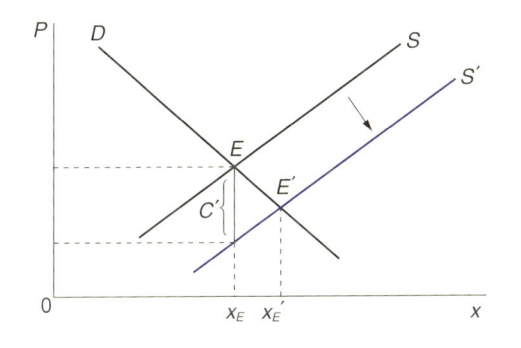

① 社会的限界費用曲線が私的限界費用曲線を下回っており，C'だけの外部経済が発生していることを示しています。
② パレート最適な生産量はx_E'ですが，市場均衡はE点で達成され過少生産（$x_E < x_E'$）の状態になります。

次に，外部経済の場合を考えてみることにしましょう。たとえば，Y社で生産設備を増設したとしましょう。規模の経済によりY社の製品価格が大幅に下落しますと，この製品を原料として使用する他の企業は費用面で大きな利益を得ることになります。つまり，こうした生産の外部効果が存在するときには，社会的費用の方が私的費用よりも小さくなります。

図29-4のC'は生産者1単位当たりについての外部経済の大きさを示しています。そのために，社会的限界費用S'は私的限界費用の右方に後退します。このとき社会的に最適な生産量はx_Eからx_E'へと増加することになります。そのために，もし外部経済の発生者に補助金を支給するならば，私的限界費用＝社会的限界費用がE'で成り立ち，それが競争状態のときでも最適点になります。

このように，外部費用を私的費用に含め，私的費用と社会的費用を一致させることを**外部費用の内部化**と呼んでいます。

コースの定理

外部効果を発生させる側と，外部効果を受ける側との交渉によって外部費用の内部化を達成しようとする理論に，**コースの定理**があります。ここでは，コースの定理について学習してみましょう。

いま，ある企業が生産活動を行っているとき，その企業が地元住民に対して外部不経済を与えているものと想定します。さらに，外部不経済は，企業の生産量が増加するのにともなって比例的に増加するものであると仮定します。

図29-5は，この企業が生産を行うことによって企業とその生産物を消費する消費者が得る社会的余剰曲線と，外部不経済をこうむる地元住民の社会的限界費用曲線が描かれています。両者（利益を受ける集団と被害をこうむる集団）との間で交渉がなされるためには，外部性にまつわる権利関係が明確に示されていなければなりません。もし，地元住民に権利が認められるなら，財の生産が全くなされない場合が初期状態です。逆に企業と消費者側に権利が認められたとするなら，社会的余剰が最大となる場合が初期状態です。このような状態で交渉が行われたとき，社会全体にとって利益がもたらされるなら，その交渉は効率的であるといわれます。

まず，地元住民に権利が認められた場合から考察しましょう。供給量がゼロのもとで1単位の生産が行われたとするなら，企業・消費者側には OA だけの余剰がもたらされ，地元住民に対しては OB だけの被害がもたらされます。ここで1単位の生産を行うために，企業・消費者側が地元住民に対して生産の代償として OB だけの賠償金を支払う交渉を地元住民に対して持ちかけたとしましょう。それでも企業・消費者側には AB だけの便益があり，地元住民は被害相当額だけ保証されるので，このような交渉には応ずることになるでしょう。企業・消費者側が生産量を増加するごとにこのような交渉を行うと，E 点でパレート最適が達成されます。この結果，生産量は x_E となり，社会全体の余剰は AEB となり，生産が行われないよりもよい効果が得られます。

反対に，企業・消費者側に権利が認められたと仮定しましょう。この場合は，図の x_0 点が初期状態となります。そこで地元住民は，財の生産を1単位

図29-5 コースの定理

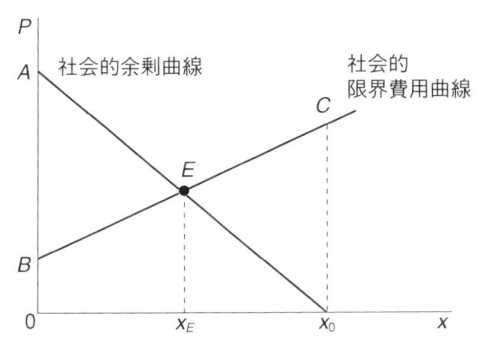

① 地元住民側に権利が認められたとき、企業・消費者側が OB だけの賠償金を支払っても AB だけの余剰がもたらされます。このような交渉によって E 点でパレート最適状態が達成されます。
② 企業・消費者側に権利が認められたときも、交渉がつづけられるとき、E 点でパレート最適状態になります。

減少させてもらう代わりに、そのことによって減少する便益に等しい額だけ賠償金を支払うという交渉を持ちかけたとしましょう。x_0 点においては、限界便益はほとんどゼロと等しいので、わずかな賠償金でも獲得できれば企業・消費者側は満足します。一方、地元住民は Cx_0 だけの被害を減少させることができますから、企業・消費者側はこの交渉に応じるでしょう。このような交渉がつづけられると、パレート最適は E 点で達成されることになります。生産量は x_E となり、社会全体の余剰は AEB となって、交渉が行われる以前よりも望ましい状態が得られます。

以上のことから、権利がどちら側に認められても、資源配分率上の帰結は同一になり、交渉は外部性を内部化する手段として効率的であるというのがコースの定理です。

30　不完全情報と市場取引

情報の不完全性

これまで，消費者および生産者の行動分析をもとに市場における需給の均衡や資源配分の問題をみてきましたが，そこでは，消費者にしても，生産者にしても効用や利潤を最大化するのに必要な情報をもっていると仮定してきました。しかし，現実の世界をみればすぐにわかりますように，情報が完全であるというのは極端な仮定であり，実際には消費者も生産者も不完全な情報のもとで行動せざるをえないのが現状です。実際の市場では，完全競争の条件の1つである情報の完全性は成立しないということです。

現実には，たとえば消費者は安い価格についての情報を求めていますし，新製品の登場にも大きな関心をもっていますが，つねに適切な情報が得られるわけではありません。企業が広告を通じて情報を提供するのも，一面では価格や品物についての情報が不十分だからであり，また，それゆえに企業にとっては広告を通じて消費者を引きつけることにより利益の増大を見込むことができるのです。

ここでは，情報が不完全な場合，消費者や企業は意思決定をするときにどのような影響を受けるのかといった問題についてみていくことにします。

不完全情報と消費者余剰

まず，消費者が商品を購入するときに一番重要となる価格について，情報が完全な場合に比べて不完全なときには，どのくらい不利であるかを経済的余剰の概念を用いてみていくことにします。

図30-1 消費需要と不完全情報のコスト

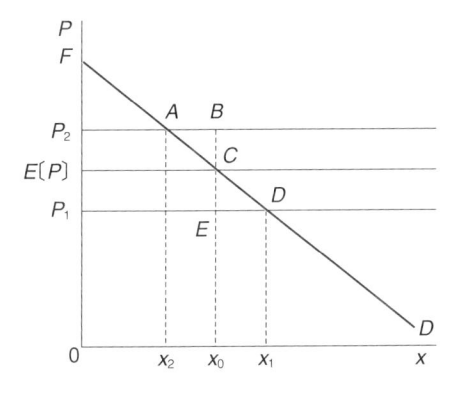

① 実際の価格がP_1かP_2のいずれかになるとしても、それがわからない場合、消費者は期待価格$E[P]$で、x_0の購入を行うことになります。
② 実際の価格がP_2だった場合、x_0では購入量が過大となるため、x_2に比べて消費者余剰はABCだけ小さくなります。
③ 価格がP_1だった場合には、x_0では購入量が少なすぎます。この場合には、消費者余剰はCDEだけ小さくなります。

不完全情報のコスト まず、価格はP_1かP_2になりますが、消費者は商品の価格について完全な情報をもっていないとします。しかも、予約によって商品を購入するときのように、その商品の価格が実際にはいくらになるか知る前に購入量を決定しなければならないと仮定します。ただし、話を単純化するために、価格がP_1となる確率は$\frac{1}{2}$であり、P_2となる確率も$\frac{1}{2}$であるとします。この場合、価格がP_1になるか、P_2になるかはわからないとしても、効用最大化をめざす消費者は、**期待価格**$E[P] = \frac{1}{2}P_1 + \frac{1}{2}P_2$が限界効用に等しくなるように購入量を決めると考えられます。不完全情報のもとでは、こうした条件で消費量が決定されると考えられますが、情報が完全な場合に比べてコストがかかるという意味で最適な決定とはなりません。このことは図を用いて示すことができます。

図30-1において、需要曲線Dが与えられると、期待価格$E[P]$と需要曲線の交点Cで期待価格＝限界効用となりますので、消費者は効用最大化をめざして購入量をx_0に決めることになります。なお、ここでは貨幣の限界効用を1と仮定することによって、消費者の限界効用を価格によって表しています。

ところで、実現する価格はP_1かP_2になりますので、消費者は商品をx_0だけ

購入する場合，実際には1単位当たり P_1 か P_2 の価格を支払うことになります。したがって，情報が不完全なために期待価格にもとづいて購入量を決めざるをえない場合には，消費者行動は最適とはなりません。

たとえば，期待価格 $E[P]$ で購入しながら，実際には価格が P_2 だった場合には，最適量よりも多く買いすぎたことになります。もし，価格が P_2 になるとわかっていれば，P_2 と限界効用が一致する A 点に対応して x_2 だけ購入すると考えられます。なぜなら，そうすることによって消費者余剰の面積 FAP_2 を最大にできるからです。価格が P_2 のときに，期待価格 $E[P]$ で x_0 だけ購入しますと，過大に購入したことになり，x_2 のときに比べて消費者余剰は ABC だけ小さくなることになります。

一方，価格が P_1 になるとわかっていたなら，P_1 と限界効用が等しくなる D 点に対応する x_1 だけの購入を行うはずです。しかし，価格に関する情報が不完全なために，期待価格に応じて x_0 しか購入しません。この場合には，購入量が最適量に比べて少なすぎることになります。これを消費者余剰でみてみますと，x_0 では消費者余剰の大きさは $FCEP_1$ ですから完全情報の場合の x_1 と比較して CDE だけ少ないということがわかります。

それゆえ，価格に関する情報が不完全な場合に消費量を x_0 に決めるコストは，価格が P_2 のときには ABC，P_1 のときには CDE になるといえます。さらに，それぞれの価格が実現する確率は $\frac{1}{2}$ ですから，不完全情報の期待コストは $\frac{1}{2}ABC + \frac{1}{2}CDE$ となります。

価格調査と留保価格 先の余剰分析から，価格情報の不完全性は消費者にコストをもたらすことがわかりました。このことは，消費者が価格についてより完全な情報を求めて行動することに意義があることを意味しています。日常生活をみましても，野菜にしても魚にしてもお店によって価格は少しづつ異なっています。家庭電気製品なども，お店によってかなり値段がちがいます。しかも，価格に関する情報は完全ではありませんので，消費者はより安い価格を求めて動き回ることになります。

消費者はいろいろな手段によって安い価格を見出そうとしますが，そのことは，安い価格をみつけることにより，同じ商品に対して支払額を少なくするという便益を消費者に与えてくれます。ただし，消費者が最も安い価格をみつけるまで価格情報を得ようとするとはかぎりません。なぜなら，安い価格をさがすためには，新聞，雑誌の購入のように情報収集のコストがかかりますし，またお店を訪ね歩くための時間消費や交通費といったコストがかかるからです。

このように，**価格調査**には費用がかかるので，調査をつづけるための費用と便益が一致する**留保価格**を基準にして，ある店で留保価格以下で売られているのをみつければ，それ以上の探索はやめるでしょうし，逆に留保価格以上であれば，探索をつづけると考えられます。

いずれにしても，価格を調べるにはさまざまな費用がかかりますので，平均的な消費者は最も安い価格をみつける前に調査をやめてしまいます。それゆえ，市場では**一物一価**の法則が成立せず，1つの商品について複数の価格がつけられることになります。なお，一般に，教育水準が高いほど情報を処理する能力が増大しますので，安い価格を調べるための費用は下がります。それゆえ，消費者の教育水準が高い市場は，価格のバラツキも小さくなると考えられます。また，価格のバラツキは消費者がどの程度買うかによっても影響されます。大量に購入する場合には市場をより詳しく調査しますので，その結果，価格の分布は小さくなります。さらに，時間的要素も影響します。たとえば，外食する場合にも，家の近所では時間をかけて安いレストランをさがしますが，旅先ではより安いレストランをさがすのに時間をかけることはできません。リゾート地で価格に散らばりがある理由の1つはここにあります。

不完全情報と生産活動

企業が生産活動を行う場合にも，価格情報の不完全性は完全情報に比べてより多くのコストを生じさせます。

供給曲線である限界費用曲線 MC が図30–2のように与えられているとします。ここで，この企業は生産物の価格がある日に P_1 か，あるいは P_2 になるこ

とは知っているが，どちらになるかは事前にはわからないとします。しかも，この商品は鮮魚のようにその日の価格ですべて販売しなければならないと仮定します。また，価格がP_1となる確率もP_2となる確率も消費のときと同様に$\frac{1}{2}$であるとします。そこで，期待価格は$E[P] = \frac{1}{2}P_1 + \frac{1}{2}P_2$となります。

企業は，価格がどうなるかを知る前に生産の意思決定をしなければなりません。そこで，期待利潤を最大にするために，企業は期待価格が限界費用に等しくなるx_0に生産量を決めることになります。この戦略は期待利潤を最大化しますが，実際の価格は$E[P]$にならないために，x_0は最適生産量の決定とはなりません。ここに，不完全情報のコストが生じることになります。

たとえば図30-2において，もし価格がP_2になった場合には，x_0では生産量が最適量のx_2より少なすぎたことになります。この場合，生産量をx_2にすれば収入はx_0ABx_2の面積だけ増加し，一方費用はx_0CBx_2だけ増えますので，2つの面積の差であるABCの利潤の増加があります。ところが，企業は価格がP_2になることを知らなかったために，それだけの利潤増加のチャンスを見逃したことになります。

また，もし価格がP_1だった場合には，生産量x_0は最適量のx_1より多すぎることになります。この場合には，最適水準以上の生産によってDCEだけ利潤が減少することになります。ここでも，生産決定の時点で，企業が実際の価格について完全な情報をもっていたなら，このような損失は避けられたはずです。

結局，不完全な情報のためにx_0で生産するコストは，価格がP_2の場合にはABCに，また価格がP_2の場合にはDCEに等しくなります。さらに，不完全情報の期待コストは，それぞれの価格が実現する確率が$\frac{1}{2}$ですから，$\frac{1}{2}ABC + \frac{1}{2}DCE$となります。

このように，情報の不完全性は利潤の減少という形で企業に負担を課すことになります。企業にとっては，確実な情報を得ることができれば利潤を増加させることができます。そのための方法の1つは，価格を正しく予測することです。そのためには，予測の専門家を雇い入れることも考えられますし，また，

図30-2　生産活動と不完全情報コスト

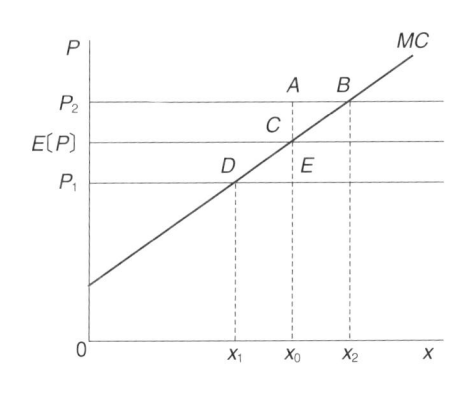

① 価格の情報が不完全なために，企業は期待価格 $E[P]$ にもとづいて，x_0 の生産を行います。
② もし，価格が P_2 だった場合には，x_0 では生産が少なすぎるために，ABC の利潤を儲け損なうことになります。
③ 価格が P_1 だった場合には，x_0 では生産過剰となり，DCE だけ利潤は減少してしまいます。

シンク・タンクやマーケット・リサーチを専門とする会社から予測サービスを購入することもできます。ただし，こうした予測を入手するには費用がかかりますから，費用に見合うかどうかも判断しなければなりません。

レモンの市場

次に，売手と買手とで市場に関する情報が同じでない場合，市場では何が生じるかを考えてみます。一般に，多くの商品について，売手である企業は商品についての十分な情報をもっていますが，買手である消費者は不十分な情報しかもっていません。ただし，通常はたとえ商品に関する情報や知識が売手と買手の間で均一でないとしても，取引される商品自体の質には問題がありません。ところが，場合によっては買手が質の悪い商品をつかまされる場合もあります。この場合の不良品を**レモン**といいます。このレモンというのは果物のレモンのことではなく，見かけはよさそうでも，中身は質の悪いくわせものを表す言葉です。こうしたレモンが存在する市場では，市場の機能に重大な支障が起こりかねません。ここでは，中古車市場を例にとって**レモンの市場**の問題を考えてみることにします。

中古車市場の自動車の質はさまざまです。その中に「レモン」と呼ばれる不

213

良品の車が含まれています。もちろん，レモンでない質のよい中古車も販売されています。ここでの問題は，レモンの所有者は，レモンでない車をもっている人と同様に，自分の車がどんな車であるかを知っていますが，その正確な情報が買手に伝わらないということです。

　レモンの所有者も，レモンでない車の所有者もどちらも自分の車はキズもなく，信頼できると主張すると考えられます。もちろん，買手はそうした利己的な主張は信じません。こうした状況のもとで，売手は知っているが買手は知らないという情報の非対称性が生じますと，市場価格は中古車市場の平均的な質の関数となります。その場合，買手はレモンかそうでないかを見分けることができませんので，平均的な価格しか支払わないことによってレモンをつかまされるリスクを最小限にとどめようとします。結果として，レモンの売手はその車の価値以上の利益を享受しますが，一方レモンでない車の所有者はその価値より低い利益しか受け取れないことになります。

　買手が平均的な車の価値以上の金額を支払わないとなると，質の高い車をもつ人はそれを市場に出さなくなります。その結果，市場には質の悪い車しか残らなくなります。そうなると，平均的な質はさらに下がり，それに応じて買手の示す価格も低くなります。こうなると質のよい車はさらに減少し，平均的な質は一層低下します。この過程がくり返されますと，市場にはレモンしか供給されず，質のよい中古車を販売する市場は消滅することになります。

　この中古車の例は，不完全な情報に悩まされる商品の1つの例にすぎません。ただし，こうした市場でも市場の健全性を維持するための努力は払われています。たとえば，中古車業者が品質について最低保証を付ける場合もありますし，販売会社の評価を維持するために何らかの品質保証を付けることも考えられます。

広告の役割

　これまでみてきましたように，市場の情報は不完全であり，消費者にとっても生産者にとってもその中で行動せざるをえません。とくに，先に述べたように消費者にとって価格に関する情報が不完全であるということが，価格に散らばりを生じさせることになります。

　すなわち，情報の不完全性のために市場では一物一価の法則が成立しません。このように市場で複数の価格が成立するということは，企業の側に価格を決める権利が生じることを意味します。そして，こうした状況のもとでは，広告が消費者をして安い価格を求めて特定の売手のもとへと行かしめるのに役立つことになります。つまり，広告は単なる情報の伝達だけでなく，企業にとって販売促進の一環としての役割を果たすことになります。

　広告が消費者の行動に与える効果は，需要の価格弾力性をはじめとしていろいろな要因によって左右されることになりますが，いずれにしても，完全競争市場と異なり現実の不完全情報のもとでは，広告が，情報伝達機能だけでなく，マーケティング活動の一環として重要な役割を果たすことになります。

索　引

―い―

異時点間消費の無差別曲線 ·············· *65*
依存効果 ······························· *10*
一時的均衡 ····························· *124*
一般均衡理論 ··························· *120*

―う―

ヴェブレン効果 ························· *11*
売上高最大化仮説 ······················· *170*
売手市場 ································ *8*

―え―

エンゲル曲線 ··························· *41*
エンゲル係数 ··························· *42*
エンゲルの法則 ························· *42*

―か―

買手市場 ································ *7*
外部経済 ······························· *203*
外部効果 ······························· *203*
外部費用の内部化 ······················· *205*
外部不経済 ····························· *203*
価格・消費曲線 ························· *44*
価格カルテル ··························· *163*
価格差別 ······························· *151*
価格メカニズム ·························· *8*
下級財 ································· *40*
家計 ···································· *3*
加重限界効用均衡の法則 ················· *36*
加重限界生産物均等の法則 ··············· *184*
寡占市場 ······························· *162*

―か―

可変的生産要素 ························· *74*
可変費用 ······························· *85*
カルテル ······························· *163*
完全性の仮定 ··························· *28*

―き―

企業 ···································· *4*
技術的限界代替率 ······················· *181*
技術的限界代替率逓減の法則 ············· *181*
期待価格 ······························· *209*
ギッフェン財 ··························· *49*
ギッフェンの逆説 ······················· *49*
規模に関する収穫逓減 ··················· *109*
規模に関する収穫逓増 ··················· *108*
規模に関する収穫不変 ··················· *107*
規模の経済 ····························· *108*
供給価格 ······························· *123*
供給曲線 ································ *6*
供給の価格弾力性 ······················· *20*
均衡価格 ··························· *8, 120*
均衡取引量 ························· *8, 120*

―く―

クールノーの点 ························· *148*
屈折需要曲線の理論 ····················· *165*
くもの巣理論 ··························· *128*

―け―

経済循環図 ······························ *4*
経済余剰 ······························· *131*
契約曲線 ······························· *194*
限界効用 ······························· *25*

217

限界効用曲線 …………………………… 27
限界効用逓減の法則 …………………… 26
限界収入 ………………………………… 94
限界代替率 ……………………………… 31
限界代替率逓減の法則 ………………… 30
限界評価 ………………………… 132, 200
限界費用価格形成原理 ………………… 203
限界費用曲線 …………………………… 90
限界変形率 ……………………………… 199

― こ ―

公共財 …………………………………… 200
効用 ……………………………………… 25
効用可能性フロンティア ……………… 194
コースの定理 …………………………… 206
固定的生産要素 ………………………… 74
固定費用 ………………………………… 84

― さ ―

最適資源配分 …………………………… 191
最適消費・貯蓄ポジション …………… 67
最適消費計画 …………………………… 36
最適生産量 ……………………………… 95
最適投入点 ……………………………… 183
さや取引 ………………………………… 156
参入阻止価格 …………………………… 169

― し ―

時間選好率 ……………………………… 65
市場供給曲線 …………………………… 102
市場均衡 ………………………………… 121
自然独占 ………………………………… 202
私的限界費用曲線 ……………………… 204
社会的限界費用曲線 …………………… 204
社会的厚生 ……………………………… 134
収穫逓減 ………………………………… 79
収穫逓増 ………………………………… 78
需要価格 ………………………………… 123
需要曲線 ………………………………… 5

需要の価格弾力性 ……………………… 15
需要の交差弾力性 ……………………… 54
需要の所得弾力性 ……………………… 42
需要の法則 ……………………………… 6
純代替財 ………………………………… 55
純補完財 ………………………………… 55
上級財 …………………………………… 40
消費・生産間のパレート最適 ………… 198
消費可能領域 …………………………… 34
消費財市場 ……………………………… 4
消費者均衡点 …………………………… 35
消費者余剰 ……………………………… 132
所得・消費曲線 ………………………… 39
所得効果 ………………………………… 47
所得と余暇の効用関数 ………………… 57
所得と余暇の無差別曲線 ……………… 57

― す ―

推移律の仮定 …………………………… 29

― せ ―

静学的期待形成仮説 …………………… 130
生産拡張経路 …………………………… 185
生産可能性フロンティア ……………… 197
生産関数 ………………………………… 75
生産者余剰 ……………………………… 133
生産要素 ………………………………… 175
生産要素市場 …………………………… 4
正常価格 ………………………………… 113
製品差別化 ……………………………… 143
絶対弾力性 ……………………………… 16
全部効果 ………………………………… 48

― そ ―

操業停止点 ……………………………… 100
総効用関数 ……………………………… 27
総効用 …………………………………… 25
総収入 …………………………………… 93
総収入曲線 ……………………………… 93

総生産物曲線 …………………… 77	独占的競争市場 …………………… 158
相対弾力性 ……………………… 16	独占利潤 …………………………… 148
総費用 …………………………… 84	
総費用曲線 ……………………… 85	－は－
総余剰 …………………………… 131	排除の原理 ………………………… 200
粗代替財 ………………………… 53	パレート最適 ……………………… 191
粗補完財 ………………………… 53	
損益分岐点 ……………………… 99	－ひ－

－た－

代替効果 ………………………… 46	非価格競争 ………………………… 167
代替財 …………………………… 53	非競合的消費 ……………………… 200
代替性の仮定 …………………… 29	非パレート最適 …………………… 194
大量生産の経済 ………………… 77	費用関数 …………………………… 85
大量生産の利益 ………………… 108	費用逓減産業 ……………………… 202
短期 ……………………………… 74	
短期供給曲線 …………………… 99	－ふ－

	不完全情報 ………………………… 208
	不完全情報のコスト ……………… 209
	部分均衡分析 ……………………… 120
	不飽和の仮定 ……………………… 28

－ち－

地域独占 ………………………… 142	プライス・テーカー ……………… 119
超過供給 ………………………… 7	プライス・リーダーシップ ……… 165
超過需要 ………………………… 8	フル・コスト原理 ………………… 168
超過需要価格曲線 ……………… 126	
超過需要曲線 …………………… 125	－へ－
長期 ……………………………… 74	平均可変費用 ……………………… 90
長期供給曲線 …………………… 111	平均可変費用曲線 ………………… 90
長期限界費用 …………………… 106	平均固定費用 ……………………… 88
長期の産業均衡点 ……………… 113	平均固定費用曲線 ………………… 88
長期費用曲線 …………………… 103	平均収入 …………………………… 94
長期平均費用 …………………… 105	平均総費用 ………………………… 86
	平均総費用曲線 …………………… 86
	平均費用価格形成原理 …………… 203

－て－

デモンストレーション効果 …… 10	－ほ－

－と－

等生産量曲線 …………………… 179	補完財 ……………………………… 53
独占価格の決定 ………………… 147	補償需要曲線 ……………………… 50
独占企業 ………………………… 144	ボックス・ダイアグラム ………… 192
独占的競争 ……………………… 159	

― ま ―

マーク・アップ率 …………………… 168
マーシャル的調整過程 ………………… 123
マーシャルの安定条件 ………………… 126

― む ―

無差別曲線 ……………………………… 27

― よ ―

要素所得 ………………………………… 175
予算制約式 ……………………………… 33
予算線 …………………………………… 34

― ら ―

ラーナーの独占度 ……………………… 148

― り ―

利潤最大化の条件 ……………………… 97

留保価格 ………………………………… 211

― れ ―

レモンの市場 …………………………… 213

― ろ ―

労働供給量の決定 ……………………… 60
労働集約的生産方法 …………………… 181
労働の限界生産物 …………………… 78, 81
労働の限界生産物曲線 ………………… 83
労働の限界生産物逓減 ………………… 79
労働の限界生産物逓増 ………………… 78
労働の平均生産物 ……………………… 79
労働の平均生産物曲線 ………………… 81

― わ ―

ワルラス的調整過程 …………………… 122
ワルラスの安定条件 …………………… 125

著者略歴

石橋　春男（いしばし　はるお）
昭和42年　早稲田大学第一政治経済学部卒業
昭和47年　早稲田大学大学院商学研究科博士課程修了
現　　在　松陰大学教授
　　　　　大東文化大学名誉教授
主要著書　『入門マクロ経済学』（共著）（税務経理協会）
　　　　　『よくわかるミクロ経済学入門』（共著）慶應義塾大学出版会，2014
　　　　　『よくわかるファイナンス入門』（共著）慶應義塾大学出版会，2014
　　　　　『よくわかるマクロ経済学入門』（共著）慶應義塾大学出版会，2015

関谷　喜三郎（せきや　きさぶろう）
昭和48年　日本大学経済学部卒業
昭和53年　日本大学大学院商学研究科博士課程修了
現　　在　日本大学商学部教授
主要著書　『公務員試験のための経済学演習』（共著）（税務経理協会）
　　　　　『不動産鑑定士二次試験のための経済学演習』（共著）（税務経理協会）
　　　　　『セミナー経済学基礎演習』（共著）（税務経理協会）
　　　　　『入門マクロ経済学』（共著）（税務経理協会）

著者との契約により検印省略

平成13年 4 月 5 日　初　版 1 刷発行
平成19年 5 月25日　初　版 2 刷発行
平成23年 5 月25日　初　版 3 刷発行
平成27年 4 月 1 日　初　版 4 刷発行

入門ミクロ経済学

著　者	石　橋　春　男
	関　谷　喜三郎
発行者	大　坪　嘉　春
製版所	美研プリンティング株式会社
印刷所	税経印刷株式会社
製本所	株式会社　三森製本所

発行所　東京都新宿区下落合2丁目5番13号　株式会社　税務経理協会
郵便番号 161-0033　振替 00190-2-187408　電話（03）3953-3301（大代表）
　　　　FAX（03）3565-3391　　　　　　　　　（03）3953-3325（営業代表）
　　　　URL http://www.zeikei.co.jp/
　　　　乱丁・落丁の場合はお取替えいたします。

Ⓒ　石橋春男・関谷喜三郎　2001　　Printed in Japan

本書の無断複写は著作権法上での例外を除き禁じられています。複写される場合は，そのつど事前に，(社)出版者著作権管理機構（電話03-3513-6969，FAX03-3513-6979，e-mail:info@jcopy.or.jp）の許諾を得てください。

JCOPY　＜(社)出版者著作権管理機構　委託出版物＞

ISBN978-4-419-03738-3　C2033

新スタンダード・テキスト登場!!

入門マクロ経済学

2色刷

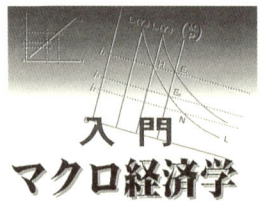

石橋春男・関谷喜三郎　共著
Ａ５判上製　定価2,940円（税込）

著者略歴

●石橋　春男（いしばし　はるお）
日本大学商学部教授
大東文化大学名誉教授

●関谷喜三郎（せきや　きさぶろう）
日本大学商学部教授
国家公務員試験委員（経済学）

経済学のテキストって、どうしてこんなに難しいの？

という声に応える1冊！
伝統的な理論から最新の仮説までを体系的にマスター！
図表をふんだんに盛り込み、視覚で理解！
公式をその導出過程からていねいに展開・解説！

大学・企業において長年にわたり講義を行なってきた著者が、はじめて経済学を学ぶ方、各種資格試験受験者のための書いたマクロ経済学の必携入門書！